노래도 배우高 중국어도 배우高

중국어 고고

김민정 · 최필석 편저

신아사

머리말

외국어를 공부하는 사람들이 가장 많이 던지는 질문이 바로, '어떻게 하면 외국어를 완벽하게 또는 원어민처럼 말할 수 있을까' 하는 것이다. 한국에 중국어를 공부하는 학습자들은 많지만 그 중에 중국인처럼 제대로 중국어를 구사하는 사람의 수효는 중국어 시장의 수요에 비해 훨씬 미치지 못한다. 많은 학생들이 수년간 유학 생활을 하고도 단어들을 어설프게 조합하거나, 한 문장 조차도 완벽하게 말하지 못하는 일이 비일비재 한 현실 속에 이러한 원인을 분석해 보면 분명 학습 방법에 문제가 있다. 많은 노력에도 불구하고 중국어를 제대로 구사하지 못한다면, 지금까지 해왔던 방법과는 다른 스스로에게 맞는 쉬운 방법을 찾아보아야만 한다.

교육현장에서 다년간 교육을 해온 우리의 경험상 중국어를 잘 할 수 있는 지름길은 문장을 통째로 외우라고 추천하고 싶다. 필자는 중국을 방문하기 전에 중국어를 잘 하지 못했다. 하지만 나만의 외국어 공부법을 터득하기 위해 제일 처음 시도한 방법이 중국가요 외우기였다. 무슨 뜻인지 잘 모르지만 좋아하는 멜로디에 귀를 기울여 가요를 통째로 외웠고, 그런 후에 좋아하는 영화나 드라마를 보면서 나오는 자막을 통째로 외우기 시작했다. 그러다 보니 자연스레 일상생활에 필요한 어휘를 차츰차츰 익히게 되어 의사소통에 큰 무리가 없어졌다. 그러면서 자연스레 자신감도 생기기 시작했고 외국어에 재미가 붙게 되었다. 아무리 스스로가 많은 어휘를 습득하고 있다고 해도 그것을 적재적소에 써서 상대방에게 제대로 의미를 전달하지 못하다면 무용지물에 불과하다. 외국어는 눈으로 이해하고 외우려 하면 절대 입으로 나오지 않는다. 그래서 필자는 강의할 때 학생들에게 꼭 각인시켜주는 것이 있다. 그것이 바로 크게 소리 내어서 읽으라는 것이다. 그렇게 하면 입으로 뱉은 발음이 정확한지 정확하지 않은지 주위 사람의 도움을 받아 고칠 수 있다.

또한 어학을 배울 때 제일 중요한 것은 흥미라고 생각한다. 흥미가 없으면 장시간 투자해서 배우기가 어렵고 중도하차 하는 경우가 태반이다. 흥미를 유발하기 위해서 스스로가 좋아하는 장르로 접근하는 방법을 추천한다. 노래가 좋으면 좋아하는 노래를 계속 듣고, 영화가 좋으면 영화 스토리를 머릿속에 필름 돌아가듯 기억할 수 있도록 하면서 접근하는 방법이 어떨까 생각한다.

중국 번안곡은 우리가 생각하는 그 이상으로 많고 우리는 어떤 곡을 선정해야 할 지 또 어떻게 책 내용을 구성해야 할 지 오랫동안 고민하고 결정하면서 나름의 보람을 느꼈다. 7080곡부터 최근 몇 년 전까지 여러 세대가 두루 같이 배울 수 있도록 쉽게 정리했고, 2010년부터 바뀐 신HSK에 맞춰 문법과 연습문제를 정리했다. 초급수준의 학습자도 쉽게 접근할 수 있도록 중국 가사에 성조와 한어 병음을 달았고 중국 가사에 뜻을 달아서 한 눈에 이해할 수 있도록 쉽게 정리하였기에 이 책을 접하는 분들에게 편하게 권하고자 한다.

중국어가 세상을 뒤흔들 그 날이 가까운 시일 내에 꼭 오리라고 굳게 믿으며 중국어를 학습하는 모든 분들께 이 책을 바친다.

2012년 12월

김민정 · 최필석

목차

contents

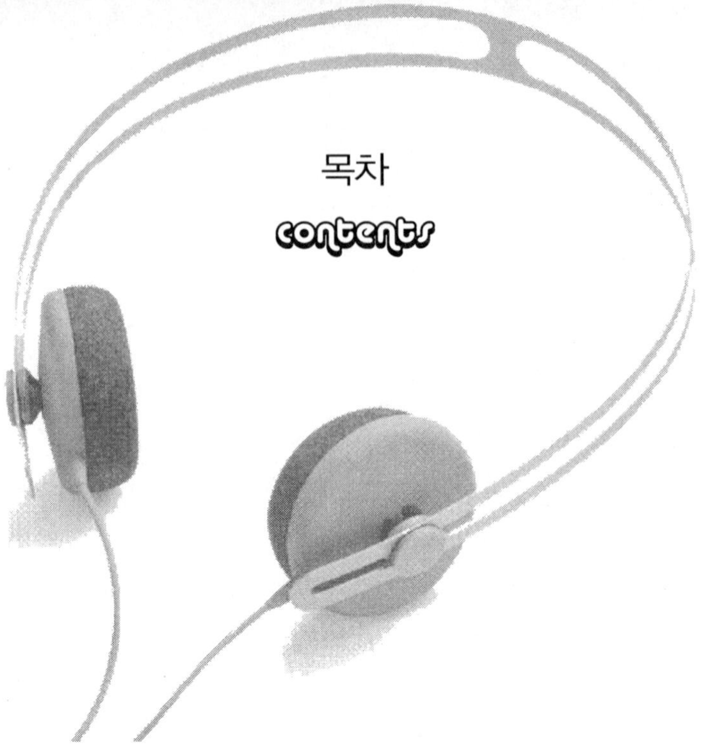

노래도 배우高 중국어도 배우高

중국어 고고

1. 关于你的歌 - 李圣杰
사랑했나봐 - 윤도현

Xiě yì shǒu gē nǐ màn man de ài wǒ chàng de gē
写一首歌你慢慢的爱我唱的歌

Jiù xiě gěi nǐ yí ge rén
就写给你一个人

Nǐ ràng wǒ zhī dào yuán lái qíng gē suǒ yǐ dòng rén
你让我知道原来情歌所以动人

Yīn wèi yǒu ài qíng xíng chéng
因为有爱情形成

Guān yú nǐ de gē xiě zhe hòu lái wǒ men
关于你的歌写着后来我们

Yí biàn bian chàng zhe wèi lái gèng duō kě néng
一遍遍唱着未来更多可能

Guān yú nǐ de gē xiě nǐ dān chún tiān zhēn
关于你的歌写你单纯天真

Kàn zhe nǐ jìng jing nà zhǒng yǎn shén
看着你静静那种眼神

Jiù huì ràng wǒ hǎo xīn téng ài zài fèi téng
就会让我好心疼爱在沸腾

Wǒ men kě yǐ màn bù zài měi ge qīng chén huáng hūn
我们可以漫步在每个清晨黄昏

Wǒ men kě yǐ ài de shēn
我们可以爱的深

Zuì xǐ huan ràng nǐ kuài lè yōng bào nǐ de líng hún
最喜欢让你快乐拥抱你的灵魂

Yí ge wǒ ài de nǚ rén
一个我爱的女人

Guān yú nǐ de gē xiě zhe hòu lái wǒ men
关 于 你 的 歌 写 着 后 来 我 们

Yí biàn bian chàng zhe wèi lái gèng duō kě néng
一 遍 遍 唱 着 未 来 更 多 可 能

Guān yú nǐ de gē xiě nǐ dān chún tiān zhēn
关 于 你 的 歌 写 你 单 纯 天 真

Kàn zhe nǐ jìng jing nà zhǒn gy ǎn shén
看 着 你 静 静 那 种 眼 神

Jiù huì ràng wǒ hǎo xīn téng ài zài fèi téng
就 会 让 我 好 心 疼 爱 在 沸 腾

Wǒ men kě yǐ màn bù zài měi ge qīng chén huáng hūn
我 们 可 以 漫 步 在 每 个 清 晨 黄 昏

Wǒ men kě yǐ ài de shēn
我 们 可 以 爱 的 深

Zuì xǐ huan ràng nǐ kuài lè yōng bào nǐ de líng hún
最 喜 欢 让 你 快 乐 拥 抱 你 的 灵 魂

Yí ge wǒ ài de nǚ rén (wèi nǐ zhuān shǔ de qíng gē)
一 个 我 爱 的 女 人 (为 你 专 属 的 情 歌)

Chàng biàn le wú shù de dòng rén qíng gē
唱 遍 了 无 数 的 动 人 情 歌

Tīng de dào ài nǐ de zé rèn
听 得 到 爱 你 的 责 任

Zhǐ yào wǒ men jiù xiāng xìn le yuán fèn
只 要 我 们 就 相 信 了 缘 分

Ài huì yǒng yuǎn de fā shēng
爱 会 永 远 的 发 生

너에 대한 노래

사랑하는 마음을 담아 노래 한 곡을 써
내가 부르는 노래는 단 너 한 사람을 위한 노래야
사랑 노래가 얼마나 감동적인가를 알려준 너
그건 아마도 널 사랑하고 있기 때문이지
너에 관한 노래 훗날 우리들을 그리고 있어
미래엔 더욱 많은 가능성이 있다고 거듭 노래하고 있어
너에 관한 노래
너의 천진난만함을 담아
너의 그런 조용한 눈빛을 바라보고 있으면
내가 사랑하는 마음이 끓어오르게 하고
우리는 매 새벽 매 황혼을 같이 걸을 수 있어
우리는 더욱 깊이 사랑할 수 있어
제일 바라는 건 너를 기쁘게 하여 너의 영혼을 껴안는 거야
내가 사랑하는 여자
(그대만을 위한 사랑 노래)
수많은 감동적인 사랑 노래를 부르며
당신을 사랑하는 책임을 느끼게 돼
인연을 믿는다면 사랑은 영원할 거야
(그대만을 위한 사랑 노래)

재미있는 신조어

(新造词语)

高富帅(高大、富有、帅气，指又高又有钱相貌又帅的男性，形容男人在身材，财富，相貌上的完美无缺)

고부수 : 키가 크고 돈이 있고 외모가 잘 생긴 남성을 가리키며, 남자가 신체, 재물, 외모상의 무결점을 형용한 말이다.

白富美(白净、富有、美丽，指皮肤白皙，有钱又漂亮的女人)

백부미 : 살결이 보얗고 돈이 있으며 아름다운 여인을 가리킴.

矮穷矬(矮 —— 身材矮小，穷 —— 家庭贫穷，矬 —— 长相丑陋。)

왜궁좌 : 왜 —— 몸이 왜소하고, 궁 —— 가정이 빈곤하고, 좌 —— 용모가 못생겼다.

새단어

关于 [guānyú] : ~에 관하여
的 [de] : ~의
写 [xiě] : 쓰다
首 [shǒu] : 수 [시(詩)·사(詞)·노래 등을 세는 단위]
慢慢的 [mànmande] : 천천히
爱 [ài] : 사랑하다
唱 [chàng] : 노래하다
就 [jiù] : 곧
给 [gěi] : 주다
让 [ràng] : …하게 하다, …하도록 시키다
知道 [zhīdào/zhīdao] : 알다
原来 [yuánlái] : 원래
情歌 [qínggē] : 사랑을 주제로 하는 노래
所以 [suǒyǐ] : 그래서
动人 [dòngrén] : 감동적이다
因为 [yīnwèi] : ~때문에
有 [yǒu] : 있다
爱情 [àiqíng] : 애정, 사랑

形成 [xíngchéng] : (어떤 사물이나 기풍·국면 등이) 형성되다, 이루어지다
着 [zhe] : …하고 있다, …하고 있는 중이다
[동사 뒤에 쓰여 동작이 진행되고 있음을 나타냄]
后来 [hòulái] : 후에
我们 [wǒmen] : 우리들
遍 [biàn] : 번, 차례, 회 [한 동작의 처음부터 끝까지의 전 과정을 가리킴]
未来 [wèilái] : 미래
更 [gèng] : 더욱
单纯 [dānchún] : 단순히
天真 [tiānzhēn] : 천진난만하다
静静 [jìngjìng] : 조용한
眼神 [yǎnshén] : 눈빛
会 [huì] : ~할 것이다
好 [hǎo] : 매우
心疼 [xīnténg] : 마음이 아프다
沸腾 [fèiténg] : 끓다
可以 [kěyǐ] : ~할 수 있다
漫步 [mànbù] : 한가롭게 거닐다
在 [zài] : ~에서
每个 [měigè] : 매, 각각
清晨 [qīngchén] : 새벽
黄昏 [huánghūn] : 황혼
深 [shēn] : 깊다
灵魂 [línghún] : 영혼
无数的 [wúshùde] : 무수한
听得到 [tīngdedào] : 듣다, 들리다
责任 [zérèn] : 책임
只要 [zhǐyào]: ~하기만 하면
相信 [xiāngxìn] : 믿다
缘分 [yuánfèn] : 인연
永远的 [yǒngyuǎnde] : 영원한
发生 [fāshēng] : 발생하다, 일어나다

어법해석

让 : '让'의 기본의미는 '양보하다'이다. 그 의미가 확장되어 '~가 ~하게 해주다' 라는 사역의 의미가 있다. 문장의 어순은 [사람(누가) + 让(하게 하다) + 누구에게 + 동작]이고 부정형태는 不让으로 '(누가) ~을 못하게 하다'이다.

你静静那种眼神就会**让**我好心疼。

당신의 조용한 그런 눈빛은 나를 마음 아프게 합니다.

我不想学英语，但是，我爸**让**我学。

난 영어를 배우고 싶지 않다, 그러나 우리 아빠가 배우라고 하신다.

大夫**让**我多喝水，不要喝酒。

의사는 물을 많이 마시고 술을 마시지 말라고 했다.

妈妈**让**孩子打扫房间。

엄마는 아이에게 방 청소를 하라고 했다.

中国朋友**让**我去他家。

중국인 친구가 나더러 집에 오라고 했다.

得 : '得'는 보어를 이끌어내는 작용을 한다. 문장의 어순은 [술어 + (동사/형용사) + 得 + 보어]으로 '~할 정도로 어떠하다'이다.

我们可以爱**得**深。

우리는 깊이 사랑할 수 있다.

我哥跑**得**很快, 12秒跑百米。

우리 오빠는 매우 빨리 달린다, 12초에 100m를 뛴다.

我吃饭吃**得**很慢，所以需要半个小时。

나는 밥 먹는 게 아주 느리다. 그래서 30분 걸린다.

同样的东西，市场卖**得**更便宜。

같은 물건인데 시장에서는 싸게 판다.

因为 : '因为'는 사건의 발생이나 행동의 결과에 대한 원인을 설명할 때 쓰입니다. '因为'는 단독으로 쓰이기도 하는데 이 경우에는 [결과, '因为' + 원인]의 형식으로 결과를 먼저 말한 후에 원인을 설명하게 되며, '~이다, (왜냐하면) ~이니까'의 의미로 쓰인다. 또한 '因为'는 '所以'와 함께 쓰여 [因为 + 원인, 所以 + 결과]의 문장형식이며, '~때문에, 그래서~'이다.

因为有爱情形成。
사랑으로 만들어졌기 때문이다.

我不喜欢吃中国菜，**因为**中国菜油太多。
나는 중국음식을 좋아하지 않는다. 중국음식은 기름이 너무 많기 때문이다.

我不能参加今天晚上的宴会，**因为**我得看孩子。
오늘 저녁 파티에 참석하지 못한다. 아이를 봐야 하기 때문이다.

我们在外边租了一个房子，**因为**学校的宿舍没有空房。
우리는 밖에서 방을 하나 빌렸다, 학교 기숙사는 빈 방이 없기 때문이다.

연습문제

01 다음 문장에서 괄호 안의 단어가 들어갈 위치를 선택하세요.

(1) (慢慢的) A写一首歌 B你 C爱我 D唱的歌

(2) (唱着) A一遍遍 B未来 C更多 D可能

(3) (让你)A最喜欢 B快乐 C拥抱 D你的灵魂

(4) (只要) A我们 B就 C相信了 D缘分

02 다음 단어를 순서대로 나열하여 문장을 만들어 보세요.

(1) 我们, 可以, 清晨, 每个, 黄昏, 漫步在

(2) 你, 让我, 所以, 动人, 知道, 原来, 情歌

(3) 看着你,静静, 好心疼, 那种眼神, 爱在沸腾, 就会,让我

(4) 可以, 我们, 爱得, 深

03 알맞은 단어로 문장을 완성해 봅시다.

(1) ________你的歌, 写你单纯天真

(2) 唱________了无数的动人情歌

(3) 只要我们________相信了缘分

04 중국가사를 우리말로 옮겨 보세요.

(1) 关于你的歌, 就写给你一个人

(2) 因为有爱情形成, 我们可以爱的深

(3) 听得到爱你的责任

(4) 爱会永远的发生

李圣杰 이성걸

中文名：李圣杰
外文名：Sam Lee
别　名：阿杰
国　籍：中国
民　族：汉族
出生地：台湾高雄
出生日期：1973年2月21日
职　业：歌手
星　座：双鱼座
身　高：1.83米
体　重：70kg
语　言：国、台、英语
毕业院校：东吴大学中国文学系
代表作品：痴心绝对、手放开、你那么爱她等
主要成就：KTV点播排行榜冠军
2006Hito流行音乐奖年度长寿专辑
蝉联近三年KTV点播总排行榜前三
特殊专长：网球。曾代表台湾地区参加国际比赛。
家庭成员：爸爸、妈妈、还有一个妹妹
最喜欢的运动：网球、游泳、跆拳道
最喜欢的颜色：蓝色、黄色、红色、绿色
最想去的国家：希腊、法国

李圣杰(1973年2月21日－)，台湾男歌手，拥有四分之一德国血统，曾为台湾网球"国手"。早年曾用艺名李杰。擅长情歌，代表作《手放开》蝉联近三年KTV点播总排行榜前三名，《痴心绝对》亦为KTV点播排行榜冠军。而《远走高飞》这首歌是李圣杰透过一张发黄的老照片，逐渐了解外公的浪漫故事，也就借由这首歌献给曾经翱翔蓝天的外公外婆。2006年发行的《眼底星空》，及之后发行的《擦肩而过》，更是风靡全台。全新大碟将在2012年与广大歌迷见面，此专辑目前正在筹备当中。

중 문 명 : 이성걸
외 국 명 : Sam Lee
별 명 : 阿杰
국 적 : 중국
민 족 : 한족
출 생 지 : 대만 고웅
생년월일 : 1973년 2월 21일
직 업 : 가수
별 자 리 : 물고기자리
키 : 183㎝
몸 무 게 : 70㎏
언 어 : 중국어, 대만어, 영어
졸업학교 : 동오대학 중국문학과
대표작품 : 痴心绝对、手放开、你那么爱她 등.
주요성과 : KTV청취자 순위차트 우승
2006Hito유행음악상 연도 장수 개인 앨범
3년 연속 KTV 청취자 총 순위차트 3위
특 기 : 테니스, 대만 지역 대표로 국제 경기에 참가했다.
가 족 : 아버지, 엄마, 그리고 여동생
좋아하는 운동 : 테니스, 수영, 태권도
좋아하는 색깔 : 파랑, 노랑, 빨강, 녹색
가장 가고 싶은 나라 : 그리스, 프랑스

이성걸(1973년 2월 21일~), 대만 남자 가수, 독일 혼혈이고, 일찍이 대만 테니스 국가대표였으며, 젊은 시절에는 이 걸이라는 예명을 썼다. 주로 사랑을 주제로 하는 곡을 불렀고, 대표작 《手放开》은 3년 연속 KTV 청취자 총 순위 차트 3위를 차지했으며, 《痴心绝对》는 KTV청취자 순위 차트에서 우승했다. 그리고 이성걸의 일생이 《远走高飞》라는 한 장의 앨범에 담겨 있고, 외조부의 아름다운 사랑이야기를 노래로 승화시켜, 외할아버지와 외할머니께 바쳤다.

2006년 발행한 《眼底星空》는 이후에 발행한 《擦肩而过》 곡보다 더욱 대만에서 유행했다. 2012년 현재, 폭넓은 팬들에게 선사하기 위한 새로운 앨범이 한창 진행 중에 있다.

데뷔 앨범의 실패 후 몇 년간 여전히 가수의 꿈을 안고 pub에서 노래하던 이성걸은 2002년 대만에서 발표한《痴心绝对》가 1년여가 지난 후에서야 서서히 인기를 끌면서 가수로의 꿈을 이루게 된다.

2004년 앨범이 중국 대륙 등지에서 발매되며《痴心绝对》가 연속 3년 대륙의 KTV 인기곡 3위 내에 선정되는 기록을 세우는 등 명실상부한 인기 가수가 된 그는 스스로 음반제작사를 설립하고 꾸준한 활동을 이어가고 있다. 수록곡《关于你的歌》는《痴心绝对》열풍 이후 이성걸이 차기 앨범의 타이틀로 선정한 곡이며 한국에서도 큰 인기를 얻은 윤도현의《사랑했나봐》의 번안곡이다. 대표곡으로는《痴心绝对》《关于你的歌》《你那么爱他》등이 있다.

2. I Believe - 孙楠
I Believe - 신승훈

I Believe nǐ hái zài nà li děng dài
I Believe你还在那里等待

Ài de lù zǒng shì chōng mǎn le zhù fú
爱的路总是充满了祝福

I Believe nǐ hái zài bǎ ài shēn mái
I Believe 你还在把爱深埋

Wǒ zài zhè liwèi nǐ zhěng yè zài pái huái
我在这里为你整夜在徘徊

Kàn bú dào wèi lái què dǎng bú zhù xiāng ài
看不到未来却挡不住相爱

Jiù suàn duǎn zàn fēn kāi yě bù néng bǎ zhè yuán fèn jié shù
就算短暂分开也不能把这缘分结束

Céng jīng zǒu guò màn màn cháng lù zhǐ yào yǒu ài
曾经走过漫漫长路只要有爱

Mò mò de qí dǎo zhēn xīn de ràng bǐ cǐ gèng xìng fú
默默地祈祷真心的让彼此更幸福

Céng jīng zǒu guò màn màn chán glù
曾经走过漫漫长路

Lèi shuǐ mó hu le wǒ hé nǐ
泪水模糊了我和你

Nà yí kè wǒ men liǎ yī wēi zài yì qǐ
那一刻我们俩依偎在一起

Cóng cǐ yǒng yuǎn bú zài fēn lí
从此永远不再分离

Wǒ xiāng xìn nà fèn ài zhè fèn gǎn dòng
我相信那份爱这份感动

Zhǐ yào nǐ yōng yǒu zhè yǒng qì zhēn xīn fù chū zì jǐ
只要你拥有这勇气真心付出自己

Yí qiè dōu wèi ài rén ér qiān guà
一切都为爱人而牵挂

Zài cháng de děng dài yě bú pà
再长的等待也不怕

I Believe

I Believe 그대가 아직 거기서 기다리고 있단 걸
사랑의 길은 항상 축복으로 가득 차 있단 걸
I Believe 그대가 아직 사랑을 깊이 묻어두고 있단 걸
이곳에서 난 그댈 위해 밤새도록 배회하고 있죠
미래가 보이지 않는다 해도 우리 사랑을 막을 순 없죠
짧은 이별이라도 이 운명을 끝낼 순 없어요
아득히 먼 길을 걸어왔죠 우리 사랑만을 바라며
조용히 기도했죠 진심으로 서로가 더 행복해지길
아득히 먼 길을 걸어왔죠 눈물이 나와
그대를 흐리게 만들었죠
그 때의 우리는 서로에게 기대
앞으로 다시는 헤어지지 말자 했죠
난 우리 사랑을 믿어요 이 감동을 믿어요
그대가 진심으로 헌신할 용기만 있다면
모든 걸 날 위해 걱정해 준다면
아무리 긴 기다림이라도 두렵지 않아요

재미있는 신조어, 유행어

吃KPM : 패스트푸드를 먹다

"咱们去吃KPM吧！(우리 KPM 먹으러 가자!)" KPM은 KFC, PIZZAHUT, MCDONALDS의 앞 글자를 따서 만든 신조어다. 그 유래는 중국인의 패스트푸드에 대한 선호도를 반영한다. KFC(肯德基), 피자헛(比萨饼), 맥도날드(麦当劳) 등은 중국에서 선호하는 대표적인 패스트푸드점이다. 중국에서는 몇 년 전부터 단어의 첫 글자 한어 병음을 따서 신조어를 만드는 유행이 생겨났다. 그래서 KPM도 그 영향을 받은 것이다. 중국에서 패스트푸드의 정식 중국어 명칭은 "快餐"이라고 하니 잘 알아 두어야 할 것이다. 사실 1990년대 2000년대 초반만 해도 중국 초등학교 학생들 사이에서 패스트푸드점에서 식사 한 끼는 다음날 자랑거리였었다.

새단어

还在 [háizài] : 여전히 ~하다
等待 [děngdài] : 기다리다
爱的路 [àidelù] : 사랑의 길
总是 [zǒngshì] : 늘, 언제나
充满 [chōngmǎn] : 가득차다
祝福 [zhùfú] : 축복
把 [bǎ] : ~를
深埋 [shēnmái] : 깊이 묻다
整夜 [zhěngyè] : 온밤
徘徊 [páihuái] : 배회하다
看不到 [kànbúdào] : 보이지 않다
未来 [wèilái] : 미래
却 [què] : 오히려, 도리어
挡不住 [dǎngbúzhù] : 막을 수 없다
相爱 [xiāng'ài] : 서로 사랑하다
就算 [jiùsuàn] : ~라고 할지라도
短暂 [duǎnzàn] : 잠깐, 잠시
分开 [fēnkāi] : 헤어지다
缘分 [yuánfèn] : 인연
结束 [jiéshù] : 끝내다
曾经 [céngjīng] : 일찍이

只要 [zhǐyào] : ~하기만 하면
默默地 [mòmòde] : 덤덤히, 말없이
祈祷 [qídǎo] : 기도하다
彼此 [bǐcǐ] : 피차, 서로
幸福 [xìngfú] : 행복
曾经 [céngjīng] : 일찍이
泪水 [lèishuǐ] : 눈물
模糊 [móhu] : 흐릿하다, 분명하지 않다
那一刻 [nàyíkè] : 그 순간
俩 [liǎ] : 두 사람
依偎 [yīwēi] : 기대다, 의지하다
从此 [cóngcǐ] : 이제부터, 지금부터
永远 [yǒngyuǎn] : 영원히
相信 [xiāngxìn] : 믿다
感动 [gǎndòng] : 감동
拥有 [yōngyǒu] : 가지고 있다, 소유하다
勇气 [yǒngqì] : 용기
付出 [fùchū] : 지불하다
自己 [zìjǐ] : 자신
一切 [yíqiè] : 모든
而 [ér] : 그래서, 그러나
牵挂 [qiānguà] : 걱정하다, 근심하다

어법해석

和 : '和'는 앞뒤의 대상 A, B를 하나로 묶어주며, 'A와(과) B'의 의미이다.

泪水模糊了我**和**你。
눈물이 나와 그대를 흐리게 만들었죠.

爸爸**和**妈妈中你最爱谁？
아빠와 엄마 중에서 넌 누구를 제일 사랑해?

我父母昨天去了首儿，今天**和**明天都不在家。
우리 부모님은 어제 서울에 가셨어. 오늘과 내일 집에 안계십니다.

你**和**我都是釜山人。
당신과 나는 모두 부산사람 입니다.

过 : '过'는 '~한 적이 있다, ~했다'의 의미이며 그 문장 형식은 '동사＋过'이다.

曾经走**过**漫漫长路。
아득히 먼 길을 걸어왔죠.

我去**过**上海。
나는 상해에 가봤다.

爸爸上大学的时候，学**过**一学期的汉语。
아버지는 대학 다닐 때 중국어를 한 학기 배운 적이 있으시다.

你看**过**这个电影吗？
이 영화 본 적이 있어요?

把 : '把'는 '~을/를'의 의미로 '把＋목적어의 문장형식으로 목적어를 서술어 앞으로 전치시키는 역할을 한다. '把' 뒤에 놓이는 목적어는 확정적인 것이어야 하고, 서술어로 쓰이는 동사는 단독으로 쓰이지 않는다.

I Believe你还在**把**爱深埋。
I Believe 그대가 아직 사랑을 깊이 묻어두고 있단 걸.

就算短暂分开也不能**把**这缘分结束。
짧은 이별이라도 이 운명을 끝낼 순 없어요.

你**把**那本书递给我吧。
그 책을 건네주세요.

同学们**把**汉语翻译成英文了。
학생들은 중국어를 영어로 번역하였다.

연습문제

01 다음 문장에서 괄호 안의 단어가 들어갈 위치를 선택하세요.

(1) (还在)A你 B那里 C等待

(2) (为你)A我 B在这里 C整夜在 D徘徊

(3) (却)A看不到 B未来 C挡不住 D相爱

(4) (在一起) 那一刻A 我们B 俩C 依偎D

02 다음 단어를 순서대로 나열하여 문장을 만들어 보세요.

(1) 曾经, 长路, 走过, 漫漫

(2) 那份爱 这份 我相信 感动

(3) 你 还在 爱 深埋 把

(4) 模糊了 我 和 泪水 你

03 알맞은 단어로 문장을 완성해 봅시다.

(1) 曾经走过漫漫长路________有爱

(2) ________永远不再分离

(3) 一切都为爱人________牵挂

(4) 再长的等待________不怕

04 중국가사를 우리말로 옮겨 보세요.

(1) 爱的路总是充满了祝福

(2) 就算短暂分开也不能把这缘分结束

(3) 默默地祈祷真心的让彼此更幸福

(4) 只要你拥有这勇气真心付出自己

孙楠 손남

中 文 名： 孙楠
外 文 名： Sun nan
国　 籍： 中国
民　 族： 汉
出 生 地： 大连
出生日期： 1969年2月18日
身　 高： 178cm
体　 重： 65kg
现 居 住： 北京
血　 型： B型
星　 座： 水瓶座
职　 业： 歌手，演员
经纪公司： 北京缘份天空文化传播有限公司
代表作品： 《不见不散》《你快回来》《红旗飘飘》
主要成就： 中歌榜最佳男歌手
东方风云榜最佳男歌手
音乐风云榜最佳男歌手
全球华语榜中榜最佳男歌手
CCTV-MTV音乐盛典最佳男歌手

孙楠，辽宁省大连人，中国内地乐坛最具实力男歌手之一，被一些歌迷推崇为"内地乐坛一哥"。 荣获残疾人联合会助残公益大使、汶川大地震心爱使者等，现任梦舟明星足球队队长。 他的代表作品主要有《不见不散》、《风往北吹》、《你快回来》、《红旗飘飘》、《拯救》以及奥运会歌曲《Forever Friends》等。与毛阿敏合作演唱 2010年广州第 16届亚运会会歌《重逢》。1990年凭借首张个人专辑《弯弯的月亮》唱红大江南北。总计发过唱片12张，总销售量超过一千万。亚洲个人演唱会30余场，世界演出一百余场，总计获得一百多个奖项。

중국이름 : 손남
외국이름 : Sun nan
국　　적 : 중국
민　　족 : 한족
출 생 지 : 대련
생년월일 : 1969년 2월 18일
키　　: 178cm
몸 무 게 : 65kg
현 주 소 : 북경
혈 액 형 : B형
별 자 리 : 물병자리
직　　업 : 가수, 연기자
중개회사 : 북경 연분 천공 문화 미디어 유한회사
대표작품 : 《不见不散》《你快回来》《红旗飘飘》
주요업적 : 중국 가수 중 최고 남자 가수
동방 풍운 중 최고 남자 가수
음악 풍운 중 최고 남자 가수
전 세계 중국어 노래 중 최고 남자 가수
CCTV-MTV가요대전에서 최고 남자 가수

손남, 요녕성 대련 사람, 중국 내 음악계에서 가장 실력이 있는 남자 가수 중의 하나, 팬들은 그를 "중국 음악계의 오빠"라고 추앙한다. 장애인을 돕는 장애인 연합회 공익 대사라는 영예로운 칭호를 얻었고, 원찬 대지진 신애 사절 등, 현재 "梦舟明星" 축구팀 주장을 맡고 있다. 그의대표작으로는《不见不散》､《风往北吹》､《你快回来》､《红旗飘飘》､《拯救》 그리고 올림픽 주제곡《 Forever Friends》 등이 있다. 毛阿敏과 합동으로 2010년 제16회 광주 아시안게임 주제곡《重逢》를 불렀다. 1990년 처음으로 개인 앨범《弯弯的月亮》인 중국 창장(長江) 남북을 노래했다(예전에는 창장 중하류지역을 가리켰고 현재는 전 중국 또는 전세계를 비유하여 이르는 말). 총 발표 음반은 12장이고, 총 판매량은 1천만 장을 돌파했다. 아시아에서 개인 콘서트 30회, 세계에서는 100여 회를 공연했으며, 총 100여 개가 넘는 상을 받았다.

손남은 중국 대련시 가무단 활동을 하다가 홍콩에서 앨범을 냈고, 홍콩, 인도네시아, 싱가포르 등지에서 활동하다가 다시 중국에 역진출한 특이한 경력을 가지고 있다. 풍부한 성량과 훌륭한 가창력, 극적인 표현으로 1990년대 중반 이후 중국 대륙 최고의 남자가수로 꼽히고 있다. 수록곡《I Believe》는 영화 [엽기적인 그녀]의《I Believe》의 번안곡이다. 대표곡으로는《不见不散》《你快回来》《拯救》《美丽的神话》 등이 있다.

3. 如果不爱你 - 张学友
처음 그날처럼 - 나윤권

Wǒ nà xiē huái yí dào dǐ shì fǒu shì shū
我 那 些 怀 疑 到 底 是 否 是 输

Nǐ yǎn jing bú kàn wǒ què kàn zhewǒ miàn qián kōng qì
你 眼 睛 不 看 我 却 看 着 我 面 前 空 气

Rú guǒ bú ài nǐ wǒ zěn me huì dǔ qì
如 果 不 爱 你 我 怎 么 会 赌 气

Mò fēi bù gān shī qù cái xiǎng dào jìn zuì hòu nǔ lì
莫 非 不 甘 失 去 才 想 到 尽 最 后 努 力

Xiǎng shuō duì bu qǐ wǒ zhī dào céng jīng shāng le nǐ
想 说 对 不 起 我 知 道 曾 经 伤 了 你

Jì yì shùn jiān yí yè yí yè fān guò qù
记 忆 瞬 间 一 页 一 页 翻 过 去

Zhè ge nǐ bú shì nǐ wǒ dāng chū de nǐ
这 个 你 不 是 你 我 当 初 的 你

Duō shǎo ài guo de rén zuì hòu kě yǐ biàn péng you
多 少 爱 过 的 人 最 后 可 以 变 朋 友

Hái shi xiǎng táo chū hǔ kǒu jué bù huí tóu
还 是 想 逃 出 虎 口 绝 不 回 头

Shuō chū kǒu wǒ néng gòu chéng shòu
说 出 口 我 能 够 承 受

Ruò nǐ bù nán shòu wǒ méi yǒu liú lèi de jiè kǒu
若 你 不 难 受 我 没 有 流 泪 的 借 口

Bié shuō cóng cǐ yǐ hòu wǒ men hái shi hǎo péng you
别 说 从 此 以 后 我 们 还 是 好 朋 友

Qí shí xiǎng táo chū hǔ kǒu jué bù huí tóu
其 实 想 逃 出 虎 口 绝 不 回 头

Zhè wēn róu gèng xiàng shì zǔ zhòu
这 温 柔 更 像 是 诅 咒

Hái ài nǐ de wǒ zǒu dào zuì hòu
还 爱 你 的 我 走 到 最 后

Jìng rán yì wú suǒ yǒu
竟 然 一 无 所 有

Wǒ nà fèn jiān chí biǎo xiàn de shì zì sī
我 那 份 坚 持 表 现 的 是 自 私

Nǐ bìng bù xiǎng táo bì què xiàng shi zhēn de méi guān xi
你 并 不 想 逃 避 却 像 是 真 的 没 关 系

Rú guǒ bú ài nǐ wǒ zěn me huì zháo jí
如 果 不 爱 你 我 怎 么 会 着 急

Mò fēi bù gān shī qù cái xiǎng dào jìn zuì hòu nǔ lì
莫 非 不 甘 失 去 才 想 到 尽 最 后 努 力

Xiǎng shuō duì bu qǐ kě shì wǒ yǐ jing shāng le nǐ
想 说 对 不 起 可 是 我 已 经 伤 了 你

Jì yì shùn jiān yí yè yí yè fān guò qù
记 忆 瞬 间 一 页 一 页 翻 过 去

Zhè ge nǐ bú shì nǐ shuō ài wǒ de nǐ
这 个 你 不 是 你 说 爱 我 的 你

Rú guǒ bú ài nǐ wǒ zěn me huì dǔ qì
如 果 不 爱 你 我 怎 么 会 赌 气

Rú guǒ bú ài nǐ wǒ zěn me huì zháo jí
如 果 不 爱 你 我 怎 么 会 着 急

만약 너를 사랑하지 않는다면

나의 이러한 의심들이 도대체 당신한테 지는 것인지
너의 눈은 나를 보고 있지 않아, 내 앞의 공기를 보며
만약 너를 사랑하지 않는다면 내가 어떻게 토라지겠어
잃어버리고 싶지 않아서 마지막에 최선을 다하면
너를 힘들게 했던 것을 나는 이미 알고 있고
미안하다고 말하고 싶어
기억을 하나하나 되짚어 보면, 지금의 너는 네가 아니야
나의 애초(맨 처음)의 너야
사랑했던 사람이 마지막에 친구가 되는 경우가 얼마나 될까?
여전히 위기를 면하고 싶고 결코 돌아보지 않겠어
나는 참을 수 있다고 말할 거야
만약 네가 견딜 수 있다면 나는 눈물 흘릴 핑계가 없어
이제부터 우리가 좋은 친구라고 말하지 마라
사실은 위기를 면하고 싶어, 결코 돌아보지 않을 거야
이 부드러움은 더욱더 저주인 것 같아
여전히 너를 사랑하는 나는
마지막까지 가서는 가진 것이 아무것도 없구나
나는 끝까지 버틸 것이고 이기적일지라도
당신은 결코 도피하지 않을 거야
오히려 정말로 괜찮은 것 같아
만약 너를 사랑하지 않는다면 내가 어떻게 조급해하겠니
잃어버리지 않기 위해 최선을 다할 거야
너를 힘들게 했던 것을 나는 이미 알고 있고
미안하다고 말하고 싶어
기억을 순간 하나하나 되짚어 보면
지금 너는 네가 아니야, 나를 사랑한다고 말한 너야

만약 너를 사랑하지 않는다면 내가 어떻게 토라지겠어
만약 너를 사랑하지 않는다면 내가 어떻게 조급해하겠니

신HSK에서 자주 등장하는 신조어

80后 : 80년대 이후에 출생한 세대
⇒ 개인주의 성향도 짙고 강한 민족주의 정신을 가지고 있다.

새단어

怀疑 [huáiyí] : 의심하다
到底 [dàodǐ] : 도대체
是否 [shìfǒu] : ~하는지
输 [shū] : 지다
眼睛 [yǎnjing] : 눈
空气 [kōngqì] : 공기
如果 [rúguǒ] : 만약
怎么会 [zěnmehuì] : 어떻게 ~할 수 있는지
赌气 [dǔqì] : 삐치다, 토라지다
莫非 [mòfēi] : 설마 …란 말인가? 설마 …는 아니겠지?
甘 [gān] : 흔쾌히 …하다, 기꺼이 …하다, 달갑게 …하다
失去 [shīqù] : 잃어버리다
最后 [zuìhòu] : 마지막
努力 [nǔlì] : 노력
对不起 [duìbuqǐ] : 미안하다
伤 [shāng] : 다치다, 해치다
记忆 [jìyì] : 기억
瞬间 [shùnjiān] : 순간
翻过去 [fānguòqù] : 넘어가다
当初 [dāngchū] : 당초, 맨 처음
变 [biàn] : 변하다
朋友 [péngyou] : 친구
逃 [táo] : 도망가다
虎口 [hǔkǒu] : 매우 위태로운 처지(형편
绝不 [juébù] : 결코 ~하지 않다
能够 [nénggòu] : ~할 수 있다
承受 [chéngshòu] : 받아들이다, 견뎌내다
若 [ruò] : 만약

难受 [nánshòu] : (몸이) 불편하다, 견딜[참을]수 없다, 괴롭다, (마음이) 슬프다, (마음이) 아프다
借口 [jièkǒu] : 핑계
温柔 [wēnróu] : 부드럽고 상냥하다
像 [xiàng] : ~와 같다
诅咒 [zǔzhòu] : 저주하다
竟然 [jìngrán] : 뜻밖에도, 의외로
一无所有 [yìwúsuǒyǒu] : 가진 게 아무것도 없다
坚持 [jiānchí] : 단호히 지키다, 견지하다, 유지하다, 고수하다, 고집하다
表现 [biǎoxiàn] : 나타내다
自私 [zìsī] : 이기적이다
逃避 [táobì] : 도피하다
着急 [zháojí] : 조급하다

어법해석

到底 : '到底' 주로 의문문의 맨 앞에 쓰이고 '도대체'의 의미이며 주어의 뒤, 서술어의 앞에 쓰인다. 기본 문장 형식은 '주어 + 到底 + 동사(구)'이다.

到底是否是输
도대체 당신한테 지는 것인지

你们**到底**睡不睡？
너희들 도대체 잘거니 안 잘거니?

我们**到底**去不去台湾？
도대체 우리 타이완 가는 거예요?

我**到底**听谁的？
난 도대체 누구의 말을 들어야 하나요?

如果 : '如果'는 '만약에'의 뜻으로 문장의 앞 절에 주로 쓰이며 가정이나 전제조건을 나타낸다. 뒷 절에는 앞 절의 가정이나 전제조건하에 이루어지는 결과나 결론 혹은 문제제기 등이 온다. 뒷 절에는 '就', '那', '那么' 등이 호응하여 사용된다.

如果不爱你，我怎么会赌气。

만약 너를 사랑하지 않는다면, 내가 어떻게 토라지겠어.

如果不爱你，我怎么会着急。

만약 너를 사랑하지 않는다면, 내가 어떻게 조급해하겠니.

如果有什么问题，就跟我联系吧。

만약 무슨 문제가 있으면 나에게 연락하십시오.

如果你不去，那么我们都不去。

만약 당신이 안 간다면 우리 모두 안 갈 겁니다.

家里**如果**没有你，就没有今天。

만약 집에 당신이 없었더라면 오늘 같은 날도 없을 겁니다.

曾经 : ' 曾经'은 서술어 앞에 놓여서'이전에, 이미'의 뜻이 있고, 어떤 동작이나 행위 혹은 상태가 과거에 발생하였거나 존재했었음을 나타낸다. 문장 끝에 '过'가 호응하여 쓰인다.

我知道**曾经**伤了你。

너를 힘들게 했던 것을 나는 이미 알고 있어.

他**曾经**学过两年的汉语。

그는 이전에 중국어를 2년 배웠다.

我母亲小时候**曾经**住过法国。

내 어머니는 어렸을 때 프랑스에서 살았던 적이 있다.

我**曾经**在新加坡工作过一年。

나는 예전에 싱가포르에서 1년 동안 일하였다.

연습문제

01 다음 문장에서 괄호 안의 단어가 들어갈 위치를 선택하세요.

(1) (到底) A我那些 B怀疑 C是否是 D输

(2) (当初) A这个你 B不是 C你我的 D你

(3) (走到) A还爱 B你的我 C最后

(4) (能够) A说出口 B我 C承受

02 다음 단어를 순서대로 나열하여 문장을 만들어 보세요.

(1) 别说 还是 从此以后 我们 好朋友

(2) 不爱你 我 如果 怎么会 赌气

(3) 这 温柔 像 是 更 诅咒

(4) 想说 曾经 对不起 我知道 伤了你

03 알맞은 단어로 문장을 완성해 봅시다.

(1) 你眼睛不看我________看着我面前空气

(2) 记忆瞬间一页一页翻________

(3) ________想逃出虎口绝不回头

(4) 其实想逃出虎口绝不回头

04 중국가사를 우리말로 옮겨 보세요.

(1) 莫非不甘失去才想到尽最后努力

(2) 多少爱过的人最后可以变朋友

(3) 若你不难受我没有流泪的借口

(4) 我那份坚持表现的是自私

张学友 장학우

姓　　名：张学友
外 文 名：Jacky Cheung
别　　名：歌神
国　　籍：中国
民　　族：汉族
出 生 地：香港
出生日期：1961年7月10日
唱片公司：环球唱片
身　　高：176cm
体　　重：64kg
职　　业：歌手、演员
妻　　子：罗美薇(1996年结婚)
毕业院校：北角官立小学，崇文英文书院
经纪公司：天星文化娱乐公司
代表作品：相思风雨中、等你等到我心痛、吻别、一千个伤心的理由、祝福等
主要成就：香港金像奖最佳男配角、台湾金马奖最佳男配角、
印度国际电影节最佳男主角
主要成就：世界音乐大奖全球亚洲最畅销歌手
香港十大劲歌金曲最受欢迎男歌手、香港十大中文金曲金针奖
台湾金曲奖最佳国语男歌手、香港十大杰出青年
世界十大杰出青年、美国Billboard最受欢迎亚洲艺人
时代周刊亚洲最具影响力五十人、截至2006年唱片总销量1.2亿张

张学友，1961年7月10日生于香港，是一位在亚洲地区和整个华人社会具有影响力的实力派音乐巨星和著名电影演员，香港乐坛“四大天王”之一，在华语地区享有“歌神”的称誉。90年代中期为张学友事业巅峰时期，根据IFPI国际唱片协会统计，张学友的唱片销量仅次于当时如日中天的已故美国歌手迈克尔·杰克逊，当时排名世界第二。截止2006年，其全球正版唱片销量已达1.2亿张之多，为华人之首。

影视方面，张学友在1989年获得香港电影金像奖的最佳男配角奖以及1990年的台湾电影金马奖的最佳男配角奖，2002年获得印度新德里电影节的最佳男演员奖。

중 국 명 : 장학우
외 국 명 : Jacky Cheung
별 명 : 노래신
국 적 : 중국
민 족 : 한족
출 생 지 : 홍콩
생년월일 : 1961년7월10일
레코드사 : 유니버셜 뮤직
키 : 176cm
몸 무 게 : 64kg
직 업 : 가수, 연기자
부 인 : 罗美薇(1996년 결혼)
졸업학교 : 北角官立小学, 崇文英文书院
중개회사 : 天星文化娱乐公司
대표작품 : 相思风雨中、等你等到我心痛、吻别、一千个伤心的理由、祝福 등.
주요업적 : 홍콩 금상장 최고 남우조연상, 대만 금마장 최고 남우조연상
인도 국제 영화제 최고 남우주연상
주요업적 : 세계 음악 대상전 세계 아시아 가장 인기 좋은 가수
홍콩 10대 유행 인기가요 최고 인기 있는 남자 가수
홍콩 10대 중문 인기가요 금침상, 대만 인기가요 상 최고 중국어 남자 가수
홍콩 10대 걸출한 청년, 세계 10대 걸출한 청년
미국 Billboard 가장 인기 있는 아시아 예술인
시대주간 아시아 가장 영향력 있는 50인, 2006년까지 디스크 총 판매량 1.2억장

장학우, 1961년 7월 10일생으로 홍콩에서 태어났고, 아시아 지역과 전체 중국인 사회에 영향력이 있는 실력파 음악의 거성이자 유명한 영화인이다. 홍콩 음악계 "4대 천왕" 중의 하나이고, 중국어 지역에서 "노래의 신"으로 추앙받고 있다.

90년대 중반 장학우의 사업은 정점에 이르렀고, IFPI 국제 음반 협회 통계에 의하면, 장학우의 음반 판매량이 당시 전성기의 이미 고인이 된 미국 가수 마이클 잭슨에 버금가는 음반 판매량으로 당시 세계 2위에 이름을 올렸다고 한다. 2006년까지 전 세계 정식 음반

판매량이 이미 1.2억 장이 넘었고, 중국인 가수 중에서 최고가 되었다. 영화, 텔레비전 방면에서는, 1989년 홍콩 영화 금상장 최고 남우조연상 및 1990년 대만 금마장 최고 남우조연상, 2002년 인도 뉴델리 국제 영화제 최고 남우주연상을 받았다.

1990년대 홍콩의 4대 천왕의 한명으로 한국에서도 유명한 장학우는 중국에서 歌神(노래의 신)으로 불릴 정도로 음악계에서는 절대적인 존재이다. 폭넓고 다채로운 가창력과 뛰어난 고음 소화력으로 십여 년간 최정상에 군림하였으며, 최근에는 뮤지컬 제작이나 후배 양성 등에도 힘쓰고 있다. 그의 히트 넘버인 《吻别》는 락밴드 마이클 런스투록이 번안하여 부르기도 했다. 대표곡으로는 《月半弯》《每天爱你多一些》《吻别》《祝福》《情书》《我真的受伤了》《你的名字我的姓氏》《如果不爱你》 등이 있다.

4. 舍不得 - 陈志朋
해바라기 - 박상민

Nǐ shì wǒ xīn zhōng zuì měi de mèng shuí yě dài bù zǒu
你是我心中最美的梦谁也带不走

Pà nǐ nán guò ràng nǐ kuài lè gěi nǐ suǒ yǒu
怕你难过让你快乐给你所有

Xiǎng yào zuò nǐ zuì wēn róu de fēng yōng nǐ zài huái zhōng
想要做你最温柔的风拥你在怀中

Péi zhe nǐ kū péi zhe nǐ xiào gān xīn shǒu hòu
陪着你哭陪着你笑甘心守候

Yè shēn rén jìng sī niàn liè chē jí shǐ ér guò
夜深人静思念列车疾驶而过

Ài nǐ de xīn zǎo yǐ chù dòng yǒu jù huà shuō yì zhí méi duì nǐ shuō
爱你的心早已触动有句话一直没对你说

Sa-la-hei-you sa-la-hei-you

Wǒ yǒng yuǎn shě bu de fàng shǒu
我永远舍不得放手

Cóng nǐ de yǎn zhōng kàn jiàn le zuì zhēn de wǒ
从你的眼中看见了最真的我

Mi-la-hei-you mi-la-hei-you

Ài xū yào duō shǎo de kuān róng
爱需要多少的宽容

Zhēn qíng xiāng shǒu huān xǐ āi chóu liǎng ge rén zǒu
真情相守欢喜哀愁两个人走

이별이 아쉬워

너는 내 마음속에 가장 아름다운 꿈, 누구도 못 데려가
네가 슬퍼할까봐 두려워, 너를 기쁘게 해주고 싶고
너에게 모든 걸 주고 싶어
네게 부드럽고 상냥한 바람이 되어주고 싶고,
너를 가슴에 안고 싶어
네가 울 때 옆에 있고, 네가 웃을 때 옆에 있고,
기꺼이 보호해줄게
밤이 깊어 인적이 드물어 아주 고요하고
그리움의 열차가 지나가네
너를 사랑하는 마음은 이미 감동이 되고
줄곧 너에게 할 말을 하지 못하고 있어
사랑해요~사랑해요~
나는 영원히 손을 놓지 않을 거야
너의 눈에서 가장 진실한 나를 보았어
미안해요~미안해요~
사랑은 많은 관용이 필요하고
진심으로 기쁨과 슬픔을 서로 지키며 함께 걸어가요

인터넷 유행어
(网络流行语)

给力：在2010年世界杯期间，"给力"开始成为网络热门词汇。具有勤快、加油、给面子等的意思。

给力：2010년 월드컵 기간에 "给力"가 인터넷 유행 어휘가 되었다. "부지런하다, 힘내라, 체면을 세워 주다" 등의 뜻을 지니고 있다. 원래는 중국 북방 방언으로, 일본 코믹 애니메이션 '서유기'의 중문 더빙판에서 손오공의 대사 '최고다', '강하다'라는 뜻이었다.

白奴 ： 고학력 빈곤자 ⇒ 학력, 신분 등 명의상으로는 화이트칼라지만 경제적으로 매우 어려운 사람을 가리킨다.

새단어

梦 [mèng] : 꿈
带不走 [dàibùzǒu] : 가지고 가지 못한다
怕 [pà] : 두려워하다, 무서워하다
难过 [nánguò] : 힘들어하다
快乐 [kuàilè] : 기쁘다
所有 [suǒyǒu] : 전부
拥 [yōng] : 안다
怀 [huái] : 가슴
陪 [péi] : 모시다, 동반하다, 곁에서 도와주다, 시중들다
甘心 [gānxīn] : 기꺼이 원하다
守候 [shǒuhòu] : 기다리다, 돌보다
夜深人静 [yèshēnrénjìng] : 밤이 깊어지자 인적이 드물다
思念 [sīniàn] : 그리워하다
列车 [lièchē] : 열차
疾驶而过 [jíshǐérguò] : 질주하며 지나가다
触动 [chùdòng] : (감정 변화·추억 등을) 불러일으키다, 건드리다, 자아내다
一直 [yìzhí] : 줄곧
永远 [yǒngyuǎn] : 영원히
舍不得 [shěbude] : 아쉬워하다
放手 [fàngshǒu] : 손을 놓다
宽容 [kuānróng] : 관용
哀愁 [āichóu] : 기쁨과 슬픔

어법해석

给 : '给'는 '~에게'의 의미를 나타내는 개사이다. 동작이나 행위의 대상을 나타낸다.

怕你难过, 让你快乐, **给**你所有。
네가 슬퍼할까봐 두려워, 너를 기쁘게 해주고 싶고, 너에게 모든 걸 주고 싶어.

我**给**她打了电话。
나는 그에게 전화를 하였다.

妈妈**给**孩子零用钱。
엄마가 아이에게 용돈을 주었다.

公司**给**爸爸月薪。
회사에서 아버지에게 월급을 주었다.

老师**给**我们留个作业。
선생님이 우리에게 숙제를 내주셨다.

两个 : 중국어 문장에서 양을 나타낼 때 명사를 세는 양사를 동반해야 한다. 이 경우의 문장어순은 [동사 + 수사 + 양사 + 명사]이다.

真情相守欢喜哀愁**两个**人走。
진심으로 기쁨과 슬픔을 서로 지키며 함께 걸어가요.

昨天晚上我和朋友们一起喝了**三瓶**烧酒。
어제 저녁에 나와 친구들은 함께 소주 세 병을 마셨다.

中午, 爸爸给我打了**两次**电话。
점심 때 아빠는 내게 전화를 두 번 하셨다.

我妹妹昨天卖了**两件**衣服。
내 여동생은 어제 옷을 두 벌 샀다.

着 : ‘着’는 동사 뒤에 쓰여 동작이 진행되고 있음을 나타내며 ‘…하고 있다, …하고 있는 중이다’, 또는 동사 사이에 쓰여 연동식을 만들어 두 동작이 동시에 ‘…하면서, …한 채로’의 의미이다. 또한 일부 동사나 형용사 뒤에 쓰여 어떤 상태의 지속을 나타낼 때는 ‘또는 ..., …해 있다, …한 채로 있다’의 의미를 나타낸다.

陪**着**你哭, 陪**着**你笑。

네가 울 때 옆에 있을 거야, 네가 웃을 때 옆에 있을 거야.

图书馆的灯还亮**着**。

도서관의 불이 아직 켜져 있어요.

爸爸看**着**书打电话呢。

아버지께서는 책을 보며 전화하십니다.

他们在笑**着**说话呢。

그들은 웃으면서 말하고 있습니다.

연습문제

01 다음 문장에서 괄호 안의 단어가 들어갈 위치를 선택하세요.

(1) (谁也) A你是 B我心中 C最美的梦 D带不走

(2) (风) A想要做 B你最温柔的C拥你 D在怀中

(3) (甘心) A陪着你哭 B陪着你 C笑 D守候

(4) (心) A爱你的 B早已 C触动 D有句话

02 다음 단어를 순서대로 나열하여 문장을 만들어 보세요.

(1) 需要 爱 多少的 宽容

(2) 舍不得 我 永远 放手

(3) 两个人 真情 相守 欢喜哀愁 走

(4) 最真的 从 你的 眼中 看见了 我

03 알맞은 단어로 문장을 완성해 봅시다.

(1) 怕你难过________你快乐给你所有

(2) 夜深人静思念列车疾驶________过

(3) ________你的眼中看见了最真的我

(4) 一直________对你说

陈志朋 진지붕

中文名：陈志朋
外文名：Julian Chen (Banny Chen)
艺　名：小帅虎
生　肖：猪
血　型：AB型
星　座：金牛座
出生地：台湾省台中市
出生日期：1971年5月19日
职　业：歌手，演员
代表作品：《还珠格格》
身　高：170公分
体　重：65kg
宗　教：佛教
学　历：高中、留学加拿大
家庭成员：父母，一兄，三个姐姐
语　言：国、台、粤
特殊专长：视觉系绘画、绘画艺术、画漫画、做菜
精通乐器：钢琴、吉他、DJ打碟
个人行业：设计师、造型师、歌手、演员、舞蹈教练、舞台剧幕后制作
新浪博客：http://blog.sina.com.cn/chenzhipeng

陈志朋，台湾男艺人，原台湾青春组合小虎队成员之一(小帅虎)，因服兵役而解散。曾出演过多部戏剧作品，而于1998年在《还珠格格》中饰演的尔泰最被大众所熟知，也曾演出舞台剧《永恒的张国荣》。陈志朋《心在想念》专辑发布于2012.05.16日。

중 문 명 : 진지붕

외 국 명 : Julian Chen (Banny Chen)

예　　명 : 小帅虎

혈 액 형 : AB형

별 자 리 : 황소자리

출 생 지 : 대만성 대중시

생년월일 : 1971년 5월19일

직　　업 : 가수, 연기자

대표작품 : 《还珠格格》

키 : 170㎝

띠 : 돼지

몸 무 게 : 65kg

종　　교 : 불교

학　　력 : 고등학교, 캐나다 유학

가　　족 : 부모, 형, 3명의 누나

언　　어 : 중국어, 대만어, 광동어

특　　기 : 시각계회화, 회화예술, 만화그리기, 요리

정통악기 : 피아노, 기타, DJ디스크자키

개인사업 : 디자이너, 조형사, 가수, 연기자, 댄스 코치, 무대극 뒤 제작

블 로 그 : http://blog.sina.com.cn/chenzhipeng

진지붕, 대만 예술인, 원래 대만 청춘 그룹 "小虎队" 구성원 중 한명(小帅虎)이었으나, 병역으로 인해 해체되었다. 일찍이 많은 희극 작품에 출연했고, 1998년《还珠格格-황제의 딸》에서 "尔泰"역을 연기하며 가장 대중에게 알려졌으며, 무대극《永恒的张国荣》을 연기했다. 진지붕의 개인 앨범인《心在想念》를 2012년 5월 16일에 발표했다.80년대 후반부터 90년대 중반까지 인기 있었던 대만의 남성 3인조 소호대(小虎队), 소유붕(苏有朋), 진지명(陈志朋),오기륭(吴奇隆), 1991년 멤버 진지명이 군 입대와 각자 학업 등의 이유로 활동을 중단했었다가 지금은 각자의 길을 걷고 있다.

1998년에 진지붕은 중국인들이 제일 좋아하는 TV연속극 환주격격(还珠格格)에 왕자로 출연했다. 그 중 한 명인 진지붕(陈志朋)이 박상민의 '해바라기(그녀에게)'라는 곡을 번안하여 타이틀 곡으로 하는 단독 앨범을 냈는데, 특히 후렴구의 '사랑해요', '미안해요' 라는 부분은 박상민이 부른 노래와 같이 한국어로 부른다. 진지붕은 2012년 5월16일 개인앨범《心在想念》을 발표했다.

5. 你从未离开 - 那英
나 가거든 - 조수미

Měi dāng nǐ lái dào shēn biān
每当你来到身边

Ài jīng guò wǒ shuāng yǎn fēi jìn xīn tián
爱经过我双眼飞进心田

Cóng cǐ yì yǎn wàng chuān jīn shēng shí jiān
从此一眼望穿今生时间

Shuō bù qīng jù hái shi sàn
说不清聚还是散

Bù gǎn qīng yán yí jù shì yán
不敢轻言一句誓言

Què dǎng bú zhù shēng sǐ bān de sī niàn
却挡不住生死般的思念

Jiù suàn nǐ de qì xī xiàng gé shì chén yān
就算你的气息像隔世尘烟

Yí cì hū xī yì shēng guò wǎng
一次呼吸一生过往

Nǐ zài bǐ àn cóng wèi lí kāi
你在彼岸从未离开

Zòng xìng fú zhǐ shì tán huā yí xiàn
纵幸福只是昙花一现

Rú guǒ lí bié de zhòu yǔ bú zài yìng yàn
如果离别的咒语不再应验

Ràng nuò yán chén shuì hòu zài cì xǐng lái
让诺言沉睡后再次醒来

Děng dài ài rèn hé shí jiān dài wǒ chóng fǎn zhè shì jiè
等待爱任何时间带我重返这世界
Yī rán kàn jiàn nǐ cóng wèi lí kāi
依然看见你从未离开

당신은 지금까지 떠난 적이 없다

네가 내 곁으로 올 때마다
사랑은 나의 두 눈을 통해
마음속으로 날아들어 왔어
그때부터 한평생을 한눈에 보았어
집합 아니면 분산 명확하게는 말할 수 없어
가벼운 한마디로 맹세하는 말을 감히 못해
그러나 삶과 죽음 같은 그리움을 막을 수 없어
너의 숨결이 마치 세대를 거스르는 연기와 티끌 같더라도
한 번의 호흡으로 일생을 왕래 하네
너는 반대편에서 여태껏 떠나지 않았어
행복은 단지 잠깐 나타났다가 바로 사라져 버리는 거야
만약 이별을 저주하는 말은 더 이상은 효력이 없어
언약이 숙면 후에, 다시 깨어나게 해
사랑을 기다리고 어떠한 시간이던지
나를 데리고 이 세계로 되돌아와
여전히 당신이 떠난 적이 없음을 보게 돼

인터넷 유행어
(网络流行语)

章鱼帝 : 章鱼保罗，它生于英国，在德国长大，保罗在南非世界杯上已经“成功预测”了德国胜澳大利亚、加纳，输给塞尔维亚的小组赛赛果。它预测的欧洲杯的赛事，命中率也有8成。出道两年的章鱼保罗在2008欧洲杯和2010世界杯两届大赛中，预测14次猜对13次、成功率飙升至92%，堪称不折不扣的“章鱼帝”。2010年8月23日章鱼保罗再续世界杯之缘，成英格兰2018年世界杯的申办大使。2010年当地时间10月25晚间(北京时间10月26日上午)章鱼保罗在德国的奥博豪森水族馆去世，享年2岁半。

문어황제 : 문어 파울은 영국에서 태어났고 독일에서 자랐으며 파울은 남아공화국 월드컵에서 이미 “성공예측”으로 독일이 호주, 가나에 승리하고 같은 조에서 세르비아에게 패하는 결과를 예측했다. 그의 예측은 유럽 축구 경기에서 명중률이 80%에 달했다. 사회에 처음 발을 들인 2년생의 문어 파울은 2008유로와 2010월드컵 두 개의 대회 중에, 14번의 예측에서 13번을 맞췄고, 성공률은 급등해서 92%에 달했으며 한 치의 어김도 없는 “章鱼帝”라고 할 만하다. 2010년 8월 23일 문어 파울이 다시 월드컵과 인연을 맺었고 영국의 2018년 월드컵의 행사 유치 대사가 되었다. 2010년 현지 시간 10월 25일 저녁시간 (북경 시간 10월 26일 오전) 문어 파울은 독일의 오버하우젠 해양 생물박물관 수족관에서 사망했고, 향년 2살 반이었다.

새단어

每当 [měidāng] : 매번
身边 [shēnbiān] : 옆, 곁
双眼 [shuāngyǎn] : 두 눈
飞进 [fēijìn] : 들어가다
心田 [xīntián] : 마음속
从此 [cóngcǐ] : 지금부터
望穿 [wàngchuān] : **望穿秋水** 눈이 빠지도록 기다리다
说不清 [shuōbùqīng] : 확실히는 모르다, 똑똑히는 말할 수 없다

聚 [jù] : 모이다
还是 [háishi] : 아니면
散 [sǎn] : 흩어지다
敢 [gǎn] : 감히 ~하다
轻言 [qīngyán] : 작은 소리, 낮은 소리
誓言 [shìyán] : 맹세
生死 [shēngsǐ] : 생사, 삶과 죽음
般 [bān] : ~와 같다
就算 [jiùsuàn] : ~라고 할지라도
气息 [qìxī] : 숨결
隔世 [géshì] : 세대를 거르다, 한 세기를 넘기다
尘烟 [chényān] : 연기와 먼지, 연기처럼 일어나는 먼지
呼吸 [hūxī] : 호흡
过往 [guòwǎng] : 왕래하다
彼岸 [bǐ'àn] : 반대편
从未 [cóngwèi] : 여태껏~한 적이 없다
离开 [líkāi] : 떠나다
纵 [zòng] : 옛날부터 지금까지, 설령~일지라도
幸福 [xìngfú] : 행복
只是 [zhǐshì] : 단지 ~이다
昙花一现 [tánhuāyíxiàn] : 잠깐 나타났다가 바로 사라져 버리다
咒语 [zhòuyǔ] : 저주하는 말
应验 [yìngyàn] : (예언 · 예감 등이) 들어맞다, 영험하다, 적중하다
诺言 [nuòyán] : 언약
沉睡 [chénshuì] : 숙면
再次 [zàicì] : 다시 한 번
醒 [xǐng] : 깨다, 깨어나다
任何 [rènhé] : 어떠한
重返 [chóngfǎn] : 되돌아오다, 복귀하다
世界 [shìjiè] : 세계
依然 [yīrán] : 여전히

어법해석

只是: '只是'는 '단지~이다'의 의미이고 문장형식은 '只是 + 명사'또는 '只是 + 구문'이다.

纵幸福**只是**昙花一现。
행복은 단지 잠깐 나타났다가 바로 사라져 버리는 거예요.

她**只是**我的普通朋友，不是我的女朋友。
그녀는 일반적인 친구에 불과해요. 여자친구가 아니예요.

我**只是**说说而已,没别的意思。
난 그냥 말을 했을 뿐 다른 뜻은 없었어요.

他**只是**个孩子,你不能要求太高。
그는 아이잖아요. 너무 많은 것을 요구하지 마세요.

还是: '还是'는 크게 세 가지의 의미로 사용되는데 의문문에 쓰여 앞뒤로 동격 선택사항이 오는 형태를 유지하는 경우에는 '아니면'의 뜻이다.

聚**还是**散。
집합 아니면 분산.

你去, **还是**他去?
네가 가느냐, 아니면 그가 가느냐?

饺子馅儿是荤的**还是**素的?
만두소는 고기냐 아니면 야채냐?

你学提琴呢, **还是**学钢琴呢?
너는 바이올린을 배우느냐, 아니면 피아노를 배우느냐?

次: ' 次'는 동량사로서 '몇 번'의 의미이다. 이렇게 자주 쓰이는 동량사는 '趟: 번(한 번의 왕래, 운행)', '遍: 번(처음부터 끝까지 완료)', '顿: 바탕, 차례(식사, 질책, 야단 등)', '场: 바탕, 번(운동경기, 연극, 영화, 공연, 일기현상 등)', '下: 번, 차례(짧은 시간의 동작 표시)', '番: 번 바탕(길고 노력이 많이 드는 과정을 표시)', 등이 있다.

一**次**呼吸一生过往。
한 번의 호흡으로 일생을 왕래하네요.

我吃过几**次**北京烤鸭了。
나는 베이징 오리구이를 몇 번 먹어봤다.

分手以后我给她打过两**次**电话, 她都不接。
이별 후에 나는 그녀에게 두 번이나 전화했는데 그녀는 받지 않았다.

以前我去过上海三**次**。
이전에 나는 상해에 세 번 가봤다.

연습문제

01 다음 문장에서 괄호 안의 단어가 들어갈 위치를 선택하세요.

(1) (每) A当 B你 C来到 D身边

(2) (不) A敢 B轻言 C一句 D誓言

(3) (不) A说 B清 C聚 D还是散

(4) (从未) A你 B在 C彼岸 D离开

02 다음 단어를 순서대로 나열하여 문장을 만들어 보세요.

(1) 就算 像 你的 气息 隔世 尘烟

(2) 却 挡不住 思念 生死般的

(3) 一次 一生 呼吸 过往

(4) 离开 依然 看见 你从未

03 알맞은 단어로 문장을 완성해 봅시다.

(1) ________一眼望穿今生时间

(2) 幸福________昙花一现

(3) 让诺言沉睡后________醒来

04 중국가사를 우리말로 옮겨 보세요.

(1) 爱经过我双眼飞进心田

(2) 如果离别的咒语不再应验

(3) 等待爱任何时间带我重返这世界

那英 나영

中文名：那英
别　名：格格
国　籍：中国
民　族：满族
出生地：中国辽宁
出生日期：1967-11-27(农历：十月廿六)
身　高：168厘米
体　重：46kg
星　座：射手座
血　型：B型
语　言：国语
乐　器：扬琴
职　业：演员，歌手
代表作品：《征服》《心酸的浪漫》《一笑而过》《那又怎样》《长镜头》
主要成就：东方风云榜最佳女歌手、MTV亚洲大奖最受欢迎歌手
台湾金曲奖最佳国语女歌手、香港十大中文金曲全国最佳女歌手
北京流行音乐典礼杰出成就大奖
新浪微博：http://t.sina.com.cn/naying

那(Nā)英，中国著名女歌手，籍贯沈阳市。满族人，有说为叶赫那拉氏后人。她是华语乐坛90年代首屈一指的实力派天后，多次在央视春晚演唱歌曲，出演过多部影视剧。2001年，凭借专辑《心酸的浪漫》成为迄今唯一获得台湾金曲奖最佳国语女歌手奖的内地歌手。2011年，时隔九年，那英重归乐坛，于9月30日发行专辑《那又怎样》。2012年夏天，担任火热节目《中国好声音》的导师(与庾澄庆、刘欢、杨坤)，最终其小二班的学员梁博，获得2012年度好声音总冠军。

중 문 명 : 나영
별　명 : 격격
국　적 : 중국
민　족 : 만주족
출 생 지 : 중국 요녕
생년월일 : 1967년11월27일(음력 : 10월26일)
키 : 168㎝
몸 무 게 : 46kg
별 자 리 : 사수자리
혈 액 형 : B형
언　어 : 중국어
악　기 : 양금, 둘시머
직　업 : 연기자, 가수
대표작품 : 《征服》《心酸的浪漫》《一笑而过》《那又怎样》《长镜头》
주요성과 : 동방풍운 순위 최고 여가수
MTV아시아 대상 가장 인기 있는 가수
대만 인기 가요상 최고 중국어 여가수
홍콩 10대 중국어 인기가요 전국 최고 여가수
북경 유행 음악 행사 출중한 업적 대상
블로그 : http://t.sina.com.cn/naying

나영, 중국 유명 여가수, 고향은 심양시이다. 만주족이고, "叶赫那拉氏" 후인이라고 말한다. 그녀는 중국어 음악계 90년대 제일의 실력파이다. 중국 중앙방송국(CCTV)에서 방영하는 음력 설 특집 방송에서 여러 번 노래를 불렀으며, 많은 드라마에 출연했다. 2001년 개인 앨범《心酸的浪漫》는 지금까지 대만 인기 가요상 최고 중국어 여가수상을 받은 유일한 내륙 가수가 되었다. 2011년 9년만에 나영이 음악계로 돌아왔고, 9월 30일 개인 앨범《那又怎样》을 발표했다。2012년 여름, 정열적인 프로그램《中国好声音》의 지도자(지도교수)를 맡았고(与庾澄庆、刘欢、杨坤), 마지막에는 그 소2반의 수강생 "梁博"를 맡았고, 2012년도 좋은 소리 챔피언이 되었다. 대륙의 천후 나영은 요녕성 출신으로, 1990년대의 전원, 2000년대의 한홍과 더불어 1990년대와 2000년대, 무려 20년 가까이 중국 대륙 최고의 여가수로 꼽혀오고 있다. 거센 가창력이 주류를 이루는 대륙 가요계에서 곡을 소화하는 능력이 뛰어나면서도 파워풀한 나영의 가창력은 최고로 평가받고 있다. 대표곡으로는 ≪梦一场》《梦醒了》《心酸的浪漫》《一笑而过》 등이 있다.

6. 爱情抗体 - 许慧欣
벌써 일년 - 브라운아이즈

Wǒ bù zhī dào jīn tiān xīng qī jǐ shì ge huài tiān qì
我不知道今天星期几是个坏天气

Yì nián yòu yì tiān hū rán yòu xiǎng dào nǐ
一年又一天忽然又想到你

Fān fan xiǎo shuō tán yì tán gāng qín
翻翻小说弹一弹钢琴

Shùn shǒu huí jǐ fēng diàn zǐ xìn
顺手回几封电子信

Wǒ zài jié yùn xiàn de chē zi li xiàng dī kōng fēi xíng
我在捷运线的车子里像低空飞行

Fēi guò zhè chéng shì cái bù guǎn mù dì dì
飞过这城市才不管目的地

Nà xiē wǒ hé nǐ yǒu guò de shì qing
那些我和你有过的事情

Dōu xiàng táo zǒu de shuǐ zhēng qì
都像逃走的水蒸气

I'll be leaving you

Méi yǒu shén me yuán yīn
没有什么原因

Ài qíng yǒu shí hòu shì è zuò jù
爱情有时候是恶作剧

Wǒ yào zì jǐ dài zhe gū dān kàng tǐ xué xí wàng jì
我要自己带着孤单抗体学习忘记

Wǒ zài jié yùn xiàn de chē zi li xiàng dī kōng fēi xíng
我 在 捷 运 线 的 车 子 里 像 低 空 飞 行

Fēi guò zhè chéng shì cái bù guǎn mù dì dì
飞 过 这 城 市 才 不 管 目 的 地

Nà xiē wǒ hé nǐ yǒu guò de shì qing
那 些 我 和 你 有 过 的 事 情

Dōu xiàng táo zǒu de shuǐ zhēng qì
都 像 逃 走 的 水 蒸 气

I'll be leaving you

Méi yǒu shén me yuán yīn
没 有 什 么 原 因

Ài qíng yǒu shí hòu shì è zuò jù
爱 情 有 时 候 是 恶 作 剧

Wǒ yào zì jǐ dài zhe gū dān kàng tǐ xué xí wàng jì
我 要 自 己 带 着 孤 单 抗 体 学 习 忘 记

Wǒ huì tiáo zhěng hū xī wǒ huì gǔ qǐ yǒng qì
我 会 调 整 呼 吸 我 会 鼓 起 勇 气

Ài qíng hěn měi lì kě shì yě hěn wú qíng
爱 情 很 美 丽 可 是 也 很 无 情

Wǒ xué huì qù yòng zǒu mí gōng de xīn qíng
我 学 会 去 用 走 迷 宫 的 心 情

Qù zhèng tuō nà xiē huí yì
去 挣 脱 那 些 回 忆

사랑의 바이러스

오늘이 무슨 요일인지 몰라, 날씨가 나쁘다는 것뿐
일 년 그리고 또 하루, 갑자기 너 생각이 나
소설을 이리 저리 들추고 피아노를 치고
손이 가는 대로 몇 통의 이메일에 답장을 하지
나는 빠르게 달리는 차 안에서, 마치 저공비행을 하듯
이 도시를 날지, 목적지는 상관없어
너와 내가 함께 했던 그 일들은, 수증기처럼 사라져 버렸지
I'll be leaving you 아무런 이유 없어,
사랑은 가끔 짓궂은 장난을 쳐
난 스스로 고독 항체를 가져야 해,
잊는 법을 배워야 해
호흡을 가다듬고, 용기를 낼 거야
사랑은 아주 아름답지만, 또한 매우 무정해
난 미궁을 빠져 나오는 심정으로,
그 기억들로부터 벗어날 거야

신HSK에서 자주 등장하는 신조어

奔奔族 : 1975~1985년 사이에 출생한 세대
⇒ 중국 사회에서 가장 나쁘고 큰 스트레스를 받는 세대를 일컫는 말로, 젊고 창의성이 있으며 전통에 구속 받기를 원하지 않는다.

孩奴 : 자식의 노예
⇒ 양육비로 월급의 대부분을 쓰는 현실을 꼬집는 말이다.

海豚族 : 돌고래족
⇒ 중국 내 물가가 무섭게 상승함에 따라 각종 물건을 사재기하는 사람들을 가리킨다.

啃老族 : 캥거루족
⇒ 성인이 되어서도 독립하지 않고 부모와 함께 살며 자신의 생계를 부모에게 의탁하는 젊은 세대를 가리킨다.

乐活族 : 로하스족(웰빙족)
⇒ 乐活는 로하스(LOHAS)의 음차어로, 유기농 농산물을 먹고 태양열 에너지를 쓰며 요가 등에 관심이 많은 사람들이다.

새단어

忽然 [hūrán] : 갑자기
翻翻 [fānfān] : 넘기다
小说 [xiǎoshuō] : 소설책
弹 [tán] : 치다
钢琴 [gāngqín] : 피아노
顺手 [shùnshǒu] : 겸사겸사
电子信 [diànzǐxìn] : 이메일
捷运线 [jiéyùnxiàn] : 고속노선
低空 [dīkōng] : 저공
不管 [bùguǎn] : 관계없다
目的地 [mùdìdì] : 목적지
水蒸气 [shuǐzhēngqì] : 수증기
恶作剧 [èzuòjù] : 못된 장난
孤单抗体 [gūdānkàngtǐ] : 고독 바이러스
调整 [tiáozhěng] : 가다듬다, 조절하다

呼吸 [hūxī] : 호흡
鼓起 [gǔqǐ] : 불러일으키다
勇气 [yǒngqì] : 용기
美丽 [měilì] : 아름답다
无情 [wúqíng] : 무정하다
迷宫 [mígōng] : 미궁
挣脱 [zhèngtuō] : 필사적으로 벗어나다
回忆 [huíyì] : 기억

어법해석

星期几: '星期几'는 '무슨 요일'을 나타낸다. 월요일은 '星期一', 화요일은 '星期二', 수요일은 '星期三', 목요일은 '星期四', 금요일은 ''星期五', 토요일은 '星期六', 일요일은 '星期天'이다. 이외에 월과 달을 나타내는 표현으로는 '~月, ~号(日)'이 있다.

我不知道今天**星期几**?
오늘이 무슨 요일인지 몰라

你们**星期几**出发？
당신들 무슨 요일에 출발합니까?

咱们**星期几**考试？
우리 무슨 요일에 시험 칩니까?

他们**星期**天举行婚礼。
그들은 무슨 요일에 결혼식 합니까?

又 : '又'는 '또 다시'의 뜻으로, 이미 일어났던 동작 행위 혹은 상황이 다시 발생하였음을 나타낸다.

一年**又**一天
일 년 그리고 또 하루

我们在中国**又**见面了。
우리는 중국에서 다시 만났다.

我找过一遍，妈妈**又**找过一遍，还是没有找找呢。

내가 한번 찾아보고 엄마도 다시 한번 찾아봤지만 역시 찾을 수가 없었다.

今天**又**下雪了，怎么去公司呀！

오늘 또 눈이 오네, 직장에 어떻게 가지!

会 : '会'는 '할 줄 안다'의 뜻으로 '상황의 가능성을 추측'하거나 '경험이나 학습을 통한 초보적인 능력'을 나타낸다. 또한 이러한 표현으로 '能'이 있는데 '能'은 객관적인 환경이나 조건상의 '허락, 동의'의 뜻을 나타낼 수 있지만, '会'는 그렇지 않다. 문장형식은 '会 + 동사'이다.

我**会**调整呼吸。

나는 호흡을 가다듬을 수 있어.

我**会**鼓起勇气。

나는 용기를 낼 수 있어.

我不**会**唱中国歌。

나는 중국노래를 부를 줄 모른다.

别担心，明天不**会**下雨的。

걱정 마세요. 내일 비가 안 올 거예요.

我没学过做韩国菜，不**会**做。

한국요리를 배운 적이 없어서 할 줄 모른다.

연습문제

01 다음 문장에서 괄호 안의 단어가 들어갈 위치를 선택하세요.

(1) (忽然) A一年 B 又一天 C又想到 D你

(2) (有过的) A那些 B我 C和你 D事情

(3) (是) A爱情 B有 C时候 D恶作剧

(4) (和你) A那些 B我 C有过的 D事情

02 다음 단어를 순서대로 나열하여 문장을 만들어 보세요.

(1) 小说 翻翻 弹一弹 钢琴

(2) 回 电子信 几封 顺手

(3) 飞过 这 目的地 城市 才 不管

(4) 都 的 像 逃走 水蒸气

03 알맞은 단어로 문장을 완성해 봅시다.

(1) I'll be leaving you 没有________原因

(2) 我________捷运线的车子________像低空飞行

(3) 我________调整呼吸我________鼓起勇气

(4) 我会________挣脱那些回忆

04 중국가사를 우리말로 옮겨 보세요.

(1) 我不知道今天星期几是个坏天气

(2) 我要自己带着孤单抗体学习忘记

(3) 爱情很美丽可是也很无情

(4) 我学会去用走迷宫的心情

许慧欣 허혜흔

中文名： 许慧欣
外文名： eVonne
国　籍： 美国
出生地： 美国德克萨斯州
出生日期： 1978年12月5日
(农历冬月初六)
职　业： 歌手、演员
毕业院校： 德州大学奥斯汀心理系
经纪公司： 大国翼星经纪有限公司
代表作品： 《爱在桐花纷飞时》(饰夏小雨)
唱片公司： 环球唱片公司
新浪博客： http://blog.sina.com.cn/xuhuixin
籍　贯： 中国台湾
身　高： 163cm
体　重： 44.5kg
血　型： A血型
星　座： 射手座
家庭成员： 父、母、一姐、一妹(许嘉凌)
语言能力： 国语、英语
嗜　好： 舞蹈、歌唱、阅读、养宠物、编舞
专　业： 美国休斯敦大学心理系
最想去的国家： 澳洲(因为可以看到很多的动物)
最喜欢的颜色： 白、紫、蓝、黑
最喜欢的运动： 跳舞

许慧欣(eVonne)出生于美国德州，华裔美国人，台湾歌手、演员。因为外貌和擅长芭蕾舞而有“雪白歌姬”称号。曾获第14届金曲奖最佳新人奖、并和张学友在音乐剧《雪狼湖》中合作，在中国大陆与台湾、香港地区巡回演出。 她的妹妹许嘉凌(Ivy)也开始在娱乐圈发展。

중 문 명 : 허혜흔

외 국 명 : eVonne

국 적 : 미국

출 생 지 : 미국 텍사스주

생년월일 : 1978년12월5일(음력11월6일)

직 업 : 가수, 연기자

졸업학교 : 텍사스대학 오스틴 심리학

중개회사 : 大国翼星经纪有限公司

대표작품 : 《爱在桐花纷飞时》(饰夏小雨)

레코드사 : 유니버셜 뮤직

블 로 그 : http://blog.sina.com.cn/xuhuixin

본 적 : 중국 대만

키 : 163cm .

몸 무 게 : 44.5kg

혈 액 형 : A형

별 자 리 : 사수자리

가 족 : 부모, 언니, 여동생(许嘉凌)

언 어 : 중국어, 영어

취 미 : 댄스, 노래, 독서, 애완동물 기르기, 안무

전 공 : 미국 휴스턴대학 심리학

가장 가보고 싶은 나라 : 오세아니아 (많은 동물을 볼 수 있기 때문에)

가장 좋아하는 색깔 : 흰색, 자색, 파랑, 검정

가장 좋아하는 운동 : 댄스

허혜흔은 미국 텍사스에서 태어났고 화교 미국인이며 대만가수이자 연기자이다. 출중한 외모와 발레가 장기인 그녀는 "雪白歌姬(새하얀 가희)"라고 불리운다. 제14회 인기 가요상에서 최고 신인상을 받았고, 그리고 장학우와 뮤지컬《雪狼湖》를 합작하였으며, 중국과 대만, 홍콩 지역으로 순회공연을 했다. 그녀의 여동생 "许嘉凌"(Ivy)도 연예계에서 활동하기 시작했다.

《爱情抗体》는 "易家扬" 작사, "Yoon Gun" 작곡, "Kim Chang-Kwon"이 편곡하였고, 허혜흔이 부른 곡이며, 이 곡은 개인앨범《快乐为主》 속에 수록되어 있는데 허혜흔의 출중한 노래 솜씨를 잘 나타내어 특히 유행한 노래이다.

“爱情抗体”는 경쾌한 선율과 허혜흔의 달콤한 목소리가 어울려, 사랑에 직면했을 때 필요한 용기를 북돋아 주고 “사랑은 바이러스가 필요하다”는 순수한 사랑을 잘 표현했다.

“爱情抗体”의 내포된 의미 : 사랑은 마치 “바이러스”와 같고 바이러스는 쉽게 인체에 항체가 생긴다. “爱情抗体”는 사랑으로 인해 생기는 절망 혹은 상처를 입거나 또는 실연의 아픔을 스스로 극복할 수 없는 사람에게 “바이러스”가 정신적으로 도움을 주는 것을 가리킨다.

7. 名字 - 梁朝伟
The Name - 더 네임

Jiǎ rú méi yǒu fēn lí bù zhī dào zhè yàng ài nǐ
假如没有分离不知道这样爱你

Cóng cǐ wǒ suǒ ài de rén dōu hěn xiàng nǐ
从此我所爱的人都很像你

Kàn zhe bié ren shēn tǐ yòu yù jiàn nǐ de yǐng zi
看着别人身体又遇见你的影子

Yōng bào de shí hou zǒng ni àn cuò nǐ de míng zi
拥抱的时候总念错你的名字

Sī niàn shì cán rěn de yóu xì wàng jì le zěn yàng qù wàng jì
思念是残忍的游戏忘记了怎样去忘记

Nǐ de míng zi hái liú zài wǒ hū xī
你的名字还留在我呼吸

Wǒ yǐ wéi wǒ bú zài yì cán rěn de huí yì
我以为我不在意残忍的回忆

Wàng jì le zěn yàng qù wàng jì
忘记了怎样去忘记

Wǒ de míng zi shì fǒu yǐ zài nǐ xīn li jué jì
我的名字是否已在你心里绝迹

Wǒ zài xún xún mì mì gēn nǐ yí yàng de míng zi
我在寻寻觅觅跟你一样的名字

Xiǎng kàn kan tā men de liǎn xiàng bú xiàng nǐ
想看看他们的脸像不像你

Kàn zhe bié ren de shēn tǐ yòu yù jiàn nǐ de yǐng zi
看着别人的身体又遇见你的影子

Kuài lè lái bu jí yǎn lèi yǐ jing xiāo shī
快乐来不及眼泪已经消失
Sī niàn shì cán rěn de yóu xì wàng jì le zěn yàng qù wàng jì
思念是残忍的游戏忘记了怎样去忘记
Nǐ de míng zi hái liú zài wǒ hū xī
你的名字还留在我呼吸
Wǒ yǐ wéi wǒ bú zài yì cán rěn de huí yì
我以为我不在意残忍的回忆
Wàng jì le zěn yàng qù wàng jì cì zài xīn li de míng zi
忘记了怎样去忘记刺在心里的名字
Méi yǒu nǐ de xiāo xi wǒ yīng gāi xiāo shēng nì jì
没有你的消息我应该销声匿迹
Wèn zì jǐ guài zì jǐ wèi shén me bù néng fàng qì cì zài xīn li de míng zi
问自己怪自己为什么不能放弃刺在心里的名字
Wàng jì le wàng jì duì nǐ de huí yì qīn mì de míng zi
忘记了忘记对你的回忆亲蜜的名字
Hái liú zài wǒ hū xī wǒ yǐ wéi wǒ bú zài yì
还留在我呼吸我以为我不在意
Cán rěn de huí yì wàng jì le zěn yàng qù wàng jì
残忍的回忆忘记了怎样去忘记
Wǒ de míng zi shì fǒu yǐ zài nǐ xīn li jué jì
我的名字是否已在你心里绝迹

이름

만약 이별이 없다면 이렇게 너를 몰랐을 거야
지금부터 내가 사랑하는 사람은 모두 너를 닮은 거야
다른 사람을 봐도 또 너의 그림자를 만나고
포옹할 때도 늘 너의 이름을 잘못 부르게 돼
그리움은 잔인한 게임, 잊었어 어떻게 잊어 없애버리니
너의 이름은 여전히 나의 호흡에 남아서
나는 잔인한 기억이 대수롭지 않다고 생각했는데
잊었니 어떻게 잊어버리니
나의 이름, 이미 네 마음속에서 잊혀지지 않았을까
나는 너와 같은 이름을 찾았어
그들의 얼굴을 봐, 너랑 닮았는지 안 닮았는지
다른 사람을 봐도 너의 그림자를 만나고
즐거운 생각을 할 겨를 없이 눈물은 이미 사라지고
그리움은 잔인한 게임, 잊었어 어떻게 잊어 없애버리니
너의 이름은 여전히 나의 짧은 시간에 남아
나는 대수롭지 않다고 생각해
그리움은 잔인한 게임, 잊었어 어떻게 잊어 없애버리니
가슴속에 이름을 묻고
너의 소식은 없고 나는 마땅히 소리 없이 자취를 감춰야했다
나에게 묻는다, 나를 원망해
왜 포기하지 못하고 가슴속에 이름을 묻고 있냐고
잊었어 너의 기억, 친밀한 이름
여전히 내 호흡 속에 남아, 나는 대수롭지 않다고 생각해
잔인한 기억, 잊었니 어떻게 잊어버리니,
나의 이름, 이미 네 마음속에서 잊혀지지 않았을까

신HSK에서 자주 등장하는 신조어

经适男 : 경제력도 있고 자상한 남자

⇒ "经济适用男"의 줄임말로, 어느 정도 경제적 능력이 뒷받침되고 술이나 담배, 도박을 안 하면서 아내에게 잘하는 남자를 가리킨다.

裸购 : 누드 구매

⇒ 적립금 등의 형식으로 직접 돈을 지불하지 않고 물건을 구입하는 방식을 말한다.

새단어

假如 [jiǎrú] : 만약
分离 [fēnlí] : 이별
所 [suǒ] : 하는 바 ['**是** + 명사·대명사 + ~ + 동사 + **的**'의 형태로 쓰여, 행위자와 동작과의 관계를 강조함]
遇见 [yùjiàn] : 우연히 만나다, 마주치다
影子 [yǐngzi] : 그림자
拥抱 [yōngbào] : 포옹
时候 [shíhou] : 할 때
总 [zǒng] : 늘
念错 [niàncuò] : 이름을 잘못 불렀다
残忍 [cánrěn] : 잔인하다
游戏 [yóuxì] : 게임
忘记 [wàngjì] : 잊다
留 [liú] : 남아
以为 [yǐwéi] : 않다고 생각한다
不在意 [búzàiyì] : 개의치 않다, 마음에 두지 않다
回忆 [huíyì] : 기억
是否 [shìfǒu] : ~입니까 아닙니까?
绝迹 [juéjì] : 자취를(종적을) 감추다, 사라지다
寻寻觅觅 [xúnxúnmìmì] : 찾는다
跟~一样 [gēn~yíyàng] : ~와 같다
来不及 [láibují] : (시간이 부족하여) 돌볼(손쓸) 틈이 없다, 생각할 겨를이 없다
消失 [xiāoshī] : 사라지다
刺 [cì] : (뾰족한 물건으로) 찌르다, 뚫다
销声匿迹 [xiāoshēngnìjì] : 소리 없이 종적을 감추다
匿迹 [nìjì] : 자취를(행방을) 감추다
怪 [guài] : 원망한다
放弃 [fàngqì] : 포기하다

어법해석

跟~一样 : 전치사 '跟'은 비교 대상이 같거나 다름을 표현하기 위해 ' 一样'과 호응하여 함께 쓰입니다. 문장의 어순은 다음과 같으며 '一样' 뒤에 오는 형용사 앞에는 '很', '更', '还' 등의 부사는 쓸 수 없습니다.

긍정문: A跟B一样 + 형용사/동사(일부 심리활동을 나타냄)
부정문: A跟B不一样 + 형용사/동사(일부 심리활동을 나타냄)

跟你一**样**的名字。
너와 같은 이름.

我们那儿的夏天**跟**这里一**样**热。
우리거기의 여름은 여기만큼 덥습니다.

他妹妹**跟**他一**样**胖。
그의 여동생은 그만큼 뚱뚱합니다.

我男朋友**跟**你一**样**高。
나의 남동생은 당신만큼 큽니다.

错 : ' 错'는 '틀리다, 잘못하다'라는 뜻을 가지고 있다. '错'앞에 동사가 오면 '~한 동작이 잘못되다, 잘못~하다'라는 뜻이며 그 어순형태는 '동사 + 错'이다.

总念**错**你的名字。
늘 너의 이름을 잘못 부르게 돼

您打**错**电话了, 这里不是大汉公司。
전화 잘못 하셨습니다. 여기는 대한회사가 아닙니다.

我看**错**人了, 她不是你小学的同学小林。
사람 잘못 봤어요. 그녀는 당신 초등학교 때 친구 소림이 아닙니다.

爸您听**错**了, 不是这个星期, 而是下个星期出发。
아빠 잘못 들으셨어요. 이번 주가 아니고 다음 주에 출발해요.

看看 : 동사가 중첩될 경우 '좀~하다'라는 시도의 의미로 짧은 시간동안의 반복 또는 재촉의 의미를 나타낸다. 단음절 동사의 중첩형식은 'A(一)A'형태로 예를 들면 '看(一)看'이다. 이음절 동사의 중첩형식은 'ABAB'로 예를 들면 '跑步跑步'이다. 목적어가 있는 경우는 'AAB형태'로 예를 들면 '散散步'가 있다.

看看他们的脸 像不像你。
그들의 얼굴을 봐, 너랑 닮았는지 안 닮았는지.

我奶奶身体不好，我想带她到医院**看看**。
우리 할머니는 몸이 편찮으셔서 할머니를 모시고 병원에 좀 가보려 한다.

他来不来啊，你给她打电话**看看**吧。
그 사람 오는 거야? 네가 전화 좀 해봐.

那边围着那么多人，是不是出了什么事啊？我出去**看看**。
저쪽에 많은 사람들이 모여 있네, 무슨 일 생긴 거 아냐? 내가 좀 나가봐야겠어.

为什么 : '为什么'는 의문문에 쓰이는 의문대명사이다. 문장형식은 '为什么 + 동사(구), 형용사(구)'이다. 이러한 의문대명사로는 '谁, 谁的，什么，哪，什么地方，什么时候，哪儿，多久，怎么，怎么样，怎么，多少，几' 등이 있다.

为什么不能放弃。
왜 포기할 수 없어요.

今天他**为什么**那么生气？
오늘 저사람 왜 저렇게 화난거야?

昨天你和你朋友们**为什么**没有来？
어제 너랑 너의 친구들 왜 안 왔어?

为什么你每次都迟到？
왜 당신은 매번 늦게 오는 겁니까?

연습문제

01 다음 문장에서 괄호 안의 단어가 들어갈 위치를 선택하세요.

(1) (假如) A没有 B分离 C不知道 D这样爱你

(2) (遇见) A看着 B别人身体 C又 D你的影子

(3) (名字) A拥抱的 B时候 C总念错 D你的

(4) (以为) A我 B我不在意 C残忍的 D回忆

02 다음 단어를 순서대로 나열하여 문장을 만들어 보세요.

(1) 从此 都 我所爱的人 很像你

(2) 你的名字 留在 我 呼吸 还

(3) 快乐 眼泪 已经 消失 来不及

(4) 他们的 脸 像不像 你 想看看

03 알맞은 단어로 문장을 완성해 봅시다.

(1) 思念________残忍的游戏

(2) 我在寻寻觅觅________你一样的名字

(3) 忘记了忘记对你________回忆亲蜜________名字

(4) 没有你的消息我________销声匿迹

04 중국가사를 우리말로 옮겨 보세요.

(1) 忘记了怎样去忘记

(2) 我的名字是否已在你心里绝迹

(3) 问自己怪自己为什么不能放弃

(4) 我以为我不在意

梁朝伟 양조위

中 文 名：梁朝伟
外 文 名：Tony leung chiu wai
别　 名：伟仔
国　 籍：中国
民　 族：汉族
出 生 地：香港
出生日期：1962年6月27日
职　 业：国家一级演员、歌手
毕业院校：香港无线电视台训练班第11期
经纪公司：泽东电影公司
代表作品：《花样年华》《春光乍泄》《重庆森林》《无间道》《色·戒》
主要成就：五届香港电影金像奖最佳男主角、三届台湾电影金马奖最佳男主角、三届香港电影金紫荆奖最佳男主角、戛纳国际电影节最佳男主角、亚洲电影大奖最佳男主角、铁象电影大赏最佳男主角、香港电影评论学会奖最佳男主角
星　 座：巨蟹座
生　 肖：虎
血　 型：A 型
身　 高：174CM
体　 重：66KG
百度贴吧：http://tieba.baidu.com/f?fr=bk&kw...

梁朝伟(Tony leung chiu wai, 1962年6月27日—)，祖籍广东台山，生于香港，国家一级演员。他是一位在亚洲地区和整个华人社会具有影响力的电影巨星，因其出色的演技而囊括多个电影奖项，凭电影《花样年华》获第53届戛纳国际电影节最佳男主角奖，凭电影《色 · 戒》获第2届亚洲电影大奖最佳男主角奖。截至2012年，他是获得香港电影金像奖和台湾电影金马奖最佳男主角最多的人，其中金像奖5次、金马奖3次。梁朝伟更是娱乐界一个十足的“万人迷”，是中国最具男人味男星的代表。2008年7月21日，他与刘嘉玲结束20年爱情长跑，在不丹举行婚礼。

중 문 명 : 양조위
외 국 명 : Tony leung chiu wai
별 명 : 伟仔
국 적 : 중국
민 족 : 한족
출 생 지 : 홍콩
생년월일 : 1962년6월27일
직 업 : 국가 일급 연기자, 가수
졸업학교 : 홍콩 무선 방송국 훈련반 제11기
중개회사 : 택동영화사
대표작품 : 《花样年华》《春光乍泄》《重庆森林》《无间道》《色·戒》
주요성과 : 5회 홍콩 영화 아카데미상 남우주연상
3회 대만 영화 금마상 남우주연상
3회 홍콩 영화 금자형상 남우주연상
칸국제영화제 남우주연상
아시아 영화 대상 남우주연상
철상영화대상 남우주연상
홍콩 영화 평론 학회상 남우주연상
별 자 리 : 게자리
혈 액 형 : A형
띠 : 호랑이
키 : 174cm
몸 무 게 : 66kg
바이두 인터넷 게시판 : http://tieba.baidu.com/f?fr=bk&kw...

양조위(Tony leung chiu wai, 1962年6月27日—), 본적은 광동 대산, 출생은 홍콩, 국가 일급 연기자이다. 그는 아시아 지역과 전체 중국인 사회에서 영향력을 가지고 있는 영화에서의 거성이자 뛰어난 연기로 많은 영화상을 수상했는데, 영화 《花样年华》로 제53회 칸 국제 영화제 남우주연상을 받았고, 영화 《色 · 戒》로 제2회 아시아 영화 대상 남우주연상을 받았다. 2012년까지 그는 홍콩 영화 아카데미상과 대만 영화 금마상 남우주연상을 가장 많이 받은 사람이며, 그 중 아카데미 5회, 금마상 3회를 받았다. 양조위는 연예계에서 만인미(얼굴이 잘생긴 남자나 여자를 빗대어 이르는 말)로, 중국에서 가장 남성미가 넘치는 남성의 대표이다.

2008년 7월 21일, 그는 "刘嘉玲"과 20년 동안의 사랑의 줄다리기를 끝내고, "不丹"에서 결혼식을 올렸다. 한국에서도 유명한 영화배우 양조위는 1982년 주성치의 소개로 배우의 길을 걷게 된다. 드라마로 인기를 얻은 뒤 초기에는 홍콩의 다른 배우들과 마찬가지로 음반을 발표하고 가수 활동도 했었지만, 작품성 있는 영화에 연달아 출연하며 명실상부한 연기파 배우가 된다. 또 연기에 전념하는 지금도 간혹 《无间道》처럼 자신이 출연하는 영화의 주제곡을 부르기도 한다. 대표곡으로는 《你是如此难以忘记》《无间道》《迷宫》 등이 있다.

8. 像自在的风 - 杜德伟
어제처럼 - J

Just for love This is all I'm dreaming of
No one but you and me

Xiàng zì zài de fēng
像 自 在 的 风

Gēn zhe ài de gǎn jué zǒu
跟 着 爱 的 感 觉 走

Xīn de shēng huó (wò zài zì jǐ shǒu zhōng)
新 的 生 活 (握 在 自 己 手 中)

Lián sì jì dōu wàng le chūn xià qiū dōng
连 四 季 都 忘 了 春 夏 秋 冬

Nǐ kě yǐ xiàng zì zài de fēng
你 可 以 像 自 在 的 风

Jiāng ài sàn bō zài wǒ xīn zhōng
将 爱 散 播 在 我 心 中

Kuài lè ràng shì jiè biàn de bù tóng
快 乐 让 世 界 变 的 不 同

Wéi rào zhe dì qiú zhuàn dòng
围 绕 着 地 球 转 动 Oh～～～

Chuāng wài nà piān wèi lán de hǎi
窗 外 那 片 蔚 蓝 的 海

Bǎ xià tiān liú le xià lái
把 夏 天 留 了 下 来

Jiǔ yuè de tiān kōng
九 月 的 天 空

Xiàng bái rì mèng yí yàng wú yōu
像 白 日 梦 一 样 无 忧

Come on

Kōng qì wēn róu qīng fǔ wǒ de liǎn kǒng
空 气 温 柔 轻 抚 我 的 脸 孔

Jiù ràng liè rì zhēng fā duō yú chén zhòng
就 让 烈 日 蒸 发 多 余 沉 重

Yǒu yì zhǒng bèi shì fàng de kuài huo
有 一 种 被 释 放 的 快 活

Wǒ de xīn xiàng zì zài de fēng
我 的 心 像 自 在 的 风

Gēn zhe ài de gǎn jué zǒu
跟 着 爱 的 感 觉 走

Xīn de shēng huó (wò zài zì jǐ shǒu zhōng)
新 的 生 活 (握 在 自 己 手 中)

Lián sì jì dōu wàng le chūn xià qiū dōng
连 四 季 都 忘 了 春 夏 秋 冬

Nǐ kě yǐ xiàng zì zài de fēng
你 可 以 像 自 在 的 风

Jiāng ài sàn bō zài wǒ xīn zhōng
将 爱 散 播 在 我 心 中

Kuài lè ràng shì jiè biàn de bù tóng
快 乐 让 世 界 变 的 不 同

Wéi rào zhe dì qiú zhuàn dòng
围 绕 着 地 球 转 动 Oh～ ～ ～

Yáng guāng xià de měi yí ge xiào róng
阳 光 下 的 每 一 个 笑 容

Dōu shì yí dào cǎi hóng
都 是 一 道 彩 虹

Yòng ài huà shàng de yán sè
用 爱 画 上 的 颜 色
Dōu shì zuì xuàn lì de mèng
都 是 最 绚 丽 的 梦
Xiàng zì zài de fēng
像 自 在 的 风
Gēn zhe ài de gǎn jué zǒu
跟 着 爱 的 感 觉 走
Just for love This is all I'm dreaming of
No one but you and me No one but you and me

마치 자유로운 바람처럼

Just for love This is all I'm dreaming of
No one but you and me No one but you and me
마치 자유로운 바람처럼, 사랑의 감정과 함께 갔어
새로운 생활 (자신의 손을 잡고)
사계절을 모두 잊어버렸어 봄, 여름, 가을, 겨울
마치 자유로운 바람처럼 내 마음속에 사랑을 퍼뜨리고 있어
기쁨은 세상을 다르게 변화시켜,
지구를 회전하듯 돌아 Oh～~
창밖의 쪽빛 바다, 여름을 남겨놓았구나
구월의 하늘, 백일몽과 같이 걱정이 없어 Come on
따뜻한 공기는 나의 얼굴을 가볍게 쓰다듬고
쓸데없는 무거움을 작열하는 태양으로 증발시켰어
일종의 즐거움 같고, 나의 마음
마치 자유로운 바람처럼, 사랑의 감정에 좇아갔어
새로운 생활 (자신의 손을 잡고),

사계절을 모두 잊어버렸어

봄, 여름, 가을, 겨울, 너는 할 수 있어

마치 자유로운 바람처럼 내 마음속에 사랑을 퍼뜨리고 있어

기쁨은 세상을 다르게 변화시켜,

지구를 회전하듯 돌아 Oh～～

햇빛 아래의 모든 미소는 무지개야

사랑으로 그린 얼굴은 모두 아주 화려하고 아름다운 꿈이야

사랑의 감정에 좇아갔어

Just for love This is all I'm dreaming of

No one but you and me No one but you and me

신HSK에서 자주 등장하는 신조어

秒杀 : 온라인으로 진행되는 순간적 할인 판매

⇒ 영어의 'Seckill'에서 따온 말로, 판매자가 초저가 상품을 내놓으면 수많은 구매자가 동시에 구매한다.

闪婚 : 속전속결 결혼

⇒ 바쁜 현대인이 연애할 시간도 없어서 만나자마자 결혼부터 하는 풍속을 일컫는 말이다.

새단어

像 [xiàng] : 마치 ~와 같다
自在 [zìzài] : 자유로운
感觉 [gǎnjué] : 감정
握 [wò] : 잡고
连~都 [lián~dōu] : ~조차도
四季 [sìjì] : 사계절
春夏秋冬 [chūnxiàqiūdōng] : 봄, 여름, 가을, 겨울
将 [jiāng] : ~을
散播 [sànbō] : 퍼뜨리고 있다

快乐 [kuàilè] : 기쁨
围绕 [wéirào] : 둘러싸다
地球 [dìqiú] : 지구
转动 [zhuàndòng] : 회전하듯 돈다
蔚蓝 [wèilán] : 쪽빛
天空 [tiānkōng] : 하늘
像~一样 [xiàng~yíyàng] : 마치 ~와 같다
白日梦 [báirìmèng] : 백일몽
无忧 [wúyōu] : 걱정이 없다
空气 [kōngqì] : 공기
轻抚 [qīngfǔ] : 가볍게 쓰다듬다
脸孔 [liǎnkǒng] : 얼굴
烈日 [lièrì] : 작열하는 태양
蒸发 [zhēngfā] : 증발하다
多余 [duōyú] : 여분의
沉重 [chénzhòng] : 몹시 무겁다
释放 [shìfàng] : 방출하다
快活 [kuàihuo] : 즐거움
生活 [shēnghuó] : 생활
阳光 [yángguāng] : 햇빛
笑容 [xiàoróng] : 웃는 얼굴
一道 [yídào] : 줄기 [강·하천과 가늘고 긴 모양을 세는 단위]
彩虹 [cǎihóng] : 무지개
画 [huà] : 그림
颜色 [yánsè] : 색깔
绚丽 [xuànlì] : 화려하다

어법해석

像: 동사로서 ‘ …와〔과〕 같다, 마치〔흡사〕 (…인 것 같다·듯하다)’의 의미이다. 문장은 ‘像 + (대명사)명사 + 술어’의 형식이다. 문장 뒤에 ‘一样’이 동반되기도 한다.

像自在的风。
마치 자유로운 바람처럼.

像他这样的脾气, 跟什么人相处都很难。
그의 이와 같은 성질은 어떤 사람과도 잘 지내기 어렵다.

像这样的事是值得注意的。
이러한 일은 주목할 만한 가치가 있다.

这台电脑**像**是有毛病了。
이 컴퓨터는 문제가 있는 듯하다.

将: '将'은 주로 문어에서 '…을'의 뜻으로 쓰인다. 문장은 '명사(행위자) + 将 + 명사(대상) + 동사 + 기타성분'의 형식이다. '把'자 문장으로 바꿔 쓸 수 있다. 시간사, 부정사, 능원동사는 '将' 앞에 오며 '주어 + 시간부사/ 부정사/ 능원동사 + 将 + 목적어'의 형태이다.

将爱散播在我心中。
내 마음속에 사랑을 퍼뜨리고 있어.

我**将**作业做完了。
나는 숙제를 다 했다.

妈妈**将**杯子给打破了。
엄마는 컵을 깼다.

他**将**门关上了。
그는 문을 닫았다.

让: '让'은 '~에 의해 ~해졌다'의 의미로 문장 형식은 '사람(수동자) + 让 + 사람(주체자) + 동사' 이다. 부정부사 '没'나 조동사는 '让'의 앞에 오게 된다. 서술어 앞에 '给'가 오면 '사람(수동자) + 让 + 사람(주체자) + 给 + 동사'의 형태를 취하는데 '给'가 오면 좋지 않은 결과를 강조하는 어감을 나타낸다. '让'뒤에는 행위자를 생략할 수 없음에 유의하기 바란다.

快乐**让**世界变的不同。
기쁨은 세상을 다르게 변화시켜요.

老师**让**他念课文。
선생님은 그에게 본문을 읽으라고 하셨다.

妈妈**让**他去市场买水果。
엄마는 그에게 시장에 가서 과일을 사오라고 하셨다.

我没让他走。
나는 그에게 가라고 하지 않았다.

연습문제

01 다음 문장에서 괄호 안의 단어가 들어갈 위치를 선택하세요.

(1) (跟着) A像 B 自在的风 C爱的感觉 D走

(2) (像) A九月的 B 天空 C白日梦一样 D无忧

(3) (快乐) A让世界 B 变的不同 C围绕着 D地球转动

(4) (我的) A空气 B温柔 C轻抚 D脸孔

02 다음 단어를 순서대로 나열하여 문장을 만들어 보세요.

(1) 你 像 可以 自在的 风

(2) 新的 握在 自己手中 生活

(3) 快乐 围绕着 转动 地球

(4) 最 绚丽的 梦 都是

03 알맞은 단어로 문장을 완성해 봅시다.

(1) ________让烈日蒸发多余沉重

(2) 有一种________释放的快活

(3) 我的心像自在的风, ________爱的感觉走

(4) 用爱画上________颜色

04 중국가사를 우리말로 옮겨 보세요.

(1) 新的生活将爱散播在我心中

(2) 连四季都忘了春夏秋冬

(3) 窗外那片蔚蓝的海把夏天留了下来

(4) 阳光下的每一个笑容都是一道彩虹

杜德伟 두덕위

中 文 名： 杜德伟
外 文 名： Alex To
国　　籍： 中国 & 加拿大
出 生 地： 香港
出生日期： 1962年2月10日
职　　业： 歌手，演员，音乐人
毕业院校： 多伦多科技学院商业设计科
代表作品： 《情人》，《第八号当铺》等
生　　肖： 虎
星　　座： 水瓶
身　　高： 174cm
体　　重： 68kg
语　　言： 粤语、英语、国语、西班牙语
宗　　教： 基督教
擅长乐器： 大提琴、吉他
运动项目： 舞蹈、网球
喜爱的演员： Mel Gibson、李小龙
喜爱的歌手： Michael Jackson、Jim Morrison

杜德伟，1962年生于香港，知名歌手、音乐人、演员，具有中国、西班牙和菲律宾血统。1985年出道，曲风西化，是最早将灵魂乐以及音乐引入华语乐坛的先驱之一，并引领舞曲潮流。其音乐生涯伴随着华语乐坛最鼎盛的时代，以慢歌和舞曲并重的实力与成就，红极一时，是极少数同时拥有过人"唱功"和傲人"舞功"的华语歌手，其"杜式情歌"自成一格，同时位列一代"舞王"。他是具有较高国际化影响的歌手，作品涵盖粤语、英语和国语，在香港、台湾、新加坡、马来西亚、日本、韩国以及美加华人世界拥有众多歌迷。2012年11月11日大婚。

중 문 명 : 두덕위

외 국 명 : Alex To

국　　적 : 중국, 캐나다

출 생 지 : 홍콩

생년월일 : 1962년2월10일

직　　업 : 가수, 연기자, 음악인

졸업학교 : 토론토과학기술학원 상업디자인과

대표작품 : 《情人》, 《第八号当铺》등.

별 자 리 : 물병자리

띠 : 호랑이

키 : 174cm

몸 무 게 : 68kg

언　　어 : 광동어, 영어, 중국어, 스페인어

종　　교 : 기독교

악　　기 : 첼로, 기타

운　　동 : 춤, 테니스

좋아하는 연기자 : 맬 깁슨, 이소룡

좋아하는 가수 : 마이클 잭슨, 짐 모리슨

두덕위, 1962년 홍콩에서 태어났고 유명한 가수, 음악인이자 연기자이며 중국, 스페인과 필리핀 혼혈이다. 1985년 사회에 나와서 악보와 서양화로 일찍이 영혼 음악을 음악에 도입하여 중국 음악계의 선구자 중의 하나이자 댄스 뮤직 추세로 이끌었다. 그의 음악 일생은 중국 음악계 전성기 시대에 맞추어, 느린곡과 댄스 뮤직으로 실력과 성과를 함께 중시하며 "노래 솜씨"와 "댄스 솜씨"를 겸비한 인기 절정에 오른 중국 가수이고 그 "杜式情歌"는 자기의 독특한 스타일을 잘 표현함과 동시에 한 시대의 "舞王(무왕-댄스왕)"이 되게 만들었다.

그는 비교적 높은 국제화 영향력을 지닌 가수이고, 광동어, 영어와 중국어로 된 작품이 있으며 홍콩, 대만, 싱가포르, 말레이시아, 일본, 한국 및 미국, 캐나다 화교 세계에서 아주 많은 팬들을 가지고 있다. 2012년 11월 11일 결혼을 했다. 《像自在的风》은 두덕위가 2001년 발행한 개인 앨범 《I Believe》 안에 수록되어 있다. 개인 앨범에는 모두 12곡이 수록되어 있고 곡 스타일은 상당히 다원화되어 있으며 댄스뮤직 외에 R&B, 기계 리듬 등이 있고, 당연히 Alex의 장기는 부드러운 발라드이다. 이 외에 두덕위는 여러 장르의 서정적인 유형을 많이 시험해 봤다.

그 곡이 바로《像自在的风》이고, 비록 신곡은 아니지만 경청하고 있으면 정말 미풍이 서서히 부는 것처럼 편안함을 느끼게 해주고 리듬이 매우 안정적이다. 이 곡은 낮에 차를 운전할 때 들으면 더욱 좋으며 날씨가 쾌청하고 미풍이 부는 한가한 휴일에 몇 명의 친구와 혹은 사랑하는 친구와 야외에서 대자연을 느끼며 들으면, 상대에게 깨끗한 공기와 아름다운 색채를 가져다주며 차 안에 모든 창문을 열고 당신도 마치 한 가닥 자유로운 바람임을 느낄 수 있다.

9. 我们都会错 - 潘玮柏
감기 - 이기찬

Wǒ màn man de gēn zhe yuè liang yí lù wǎng huí zǒu
我慢慢的跟着月亮一路往回走

Xià tiān de fēng chuī zài liǎn shang gǎn jué jì mò
夏天的风吹在脸上感觉寂寞

Wǒ zhī dào nǐ yǒu jǐ miǎo zhōng yě xiǎng niàn tā
我知道你有几秒钟也想念他

Wǒ xīn téng nǐ dàn xīn zhōng yǒu diǎn tòng
我心疼你但心中有点痛

Yí ge ài qíng xí tí yì zhǒng wèi wán dài xù yì zhǒng
一个爱情习题一种未完待续

Yí jù zài yǔ sǎn xià nǐ shuō de duì bu qǐ
一句在雨伞下你说的对不起

Qīn ài de wǒ men dōu huì cuò
亲爱的我们都会错

Wǒ liǎo jiě yuán yīn shì shén me
我了解原因是什么

Nǐ bù yào kū yí qiè wǒ dōu xiǎo de
你不要哭一切我都晓得

Nǐ tīng shí jiān tā yí bù yí bù wǎng qián zǒu
你听时间它一步一步往前走

Nǐ zhī dào de dào zuì hòu ài nǐ de shì wǒ
你知道的到最后爱你的是我

Nǐ kuài lè ma wǒ xīn zhōng zhǐ yǒu zhè jù huà
你快乐吗我心中只有这句话

Wǒ huì bǎ yǎn lèi shōu zài kǒu dai zhōng
我 会 把 眼 泪 收 在 口 袋 中
Yí ge ài qíng xí tí yì zhǒng wèi wán dài xù
一 个 爱 情 习 题 一 种 未 完 待 续
Yì shēng zài shān gǔ zhōng dà hǎn de wǒ ài nǐ
一 声 在 山 谷 中 大 喊 的 我 爱 你
Qīn ài de wǒ men dōu huì cuò
亲 爱 的 我 们 都 会 错
Yǒu shén me bù néng yuán liàng ne
有 什 么 不 能 原 谅 呢
Méi yǒu guān xi ràng wǒ děng nǐ huí tóu
没 有 关 系 让 我 等 你 回 头
Yí ge ài qíng xí tí yì zhǒng wèi wán dài xù
一个爱情习题一种未完待续
Yì shēng zài shān gǔ zhōng dà hǎn de wǒ ài nǐ
一 声 在 山 谷 中 大 喊 的 我 爱 你
Qīn ài de wǒ men dōu huì cuò
亲 爱 的 我 们 都 会 错
Yǒu shén me bù néng yuán liàng ne
有 什 么 不 能 原 谅 呢
Méi yǒu guān xi ràng wǒ děng nǐ huí tóu
没 有 关 系 让 我 等 你 回 头
Ài nǐ de rén shì wǒ bú huì cuò
爱 你 的 人 是 我 不 会 错

우리는 모두 잘못을 할 수 있어

나는 천천히 달을 따라 원래 있던 곳으로 되돌아가
여름의 바람이 얼굴에 부딪치면서 쓸쓸함을 느껴
네가 몇 초조차도 그를 생각한다는 것을 나는 알아
나는 너를 몹시 사랑하지만 마음이 조금 아파
사랑의 연습문제는 일종의 미완으로 이어지고
우산 속에서 미안하다고 말하는 너의 말이
사랑하는 우리는 모두 잘못을 할 수 있고
나는 원인이 무엇인지 알고, 너는 울지 마
나는 모두 이해해
네가 듣는 시간에 그것은 한발 앞으로 나아가
마지막까지 너를 사랑하는 사람이 나라는 것을 알아
너는 기쁘니? 내 마음속에는 단지 이말 뿐이야
나는 눈물을 주머니 속에 가둘 거야
사랑의 연습문제는 일종의 미완으로 이어지고,
산골짜기에서 큰소리로 너를 사랑한다고 말한다
사랑하는 우리는 모두 잘못을 할 수 있고
용서 못 할 것이 뭐가 있겠니?
나로 하여금 네가 돌아올 때까지 기다려도 괜찮아
사랑의 연습문제는 일종의 미완으로 이어지고
산골짜기에서 큰소리로 너를 사랑한다고 말한다
사랑하는 우리는 모두 잘못을 할 수 있고
용서 못 할 것이 뭐가 있겠니?
나로 하여금 네가 돌아올 때까지 기다려도 괜찮아
너를 사랑하는 사람은 나야 틀림이 없어

신HSK에서 자주 등장하는 신조어

晒工资 : 익명으로 수입을 공개하다

⇒ 인터넷을 통해 익명으로 급여 수준에 관한 정보를 공유하고 토론하는 것을 말한다.

脱口秀 : 말주변이 좋은 사람

⇒ 영어 'Talk Show'에서 따온 말로, 말주변이 좋고 말투가 저속하지 않다고 사람들에게 인정을 받는 사람을 가리킨다.

새단어

月亮 [yuèliang] : 달
夏天 [xiàtiān] : 여름
吹 [chuī] : 불다
寂寞 [jìmò] : 쓸쓸하다
秒 [miǎo] : 초
心疼 [xīnténg] : 마음이 아프다
痛 [tòng] : 아프다
习题 [xítí] : 연습문제
未完待续 [wèiwándàixù] : 다음에 계속하다
雨伞 [yǔsǎn] : 우산
了解 [liǎojiě] : 이해하다
原因 [yuányīn] : 원인
哭 [kū] : 울다
晓得 [xiǎode] : 알다, 이해하다
到最后 [dàozuìhòu] : 최후까지
收 [shōu] : 받아들이다, 용납하다, 수용하다
口袋 [kǒudai] : 주머니
山谷 [shāngǔ] : 산골짜기
喊 [hǎn] : 외치다
原谅 [yuánliàng] : 용서하다

어법해석

都: 부사 '都'는 보통 복수의 사람이나 사물, 혹은 같은 행동을 여러 사람이 하는 경우에 술어가 주어들의 공통성을 나타낼 때 쓴다.

我们**都**会错。
우리는 모두 잘못을 할 수 있어요.

我们**都**学汉语。
우리 모두 중국어를 공부한다.

他们**都**住釜山。
그들은 모두 부산에 있다.

学生们**都**在教室等考试结果。
학생들은 모두 교실에서 시험결과를 기다린다.

往 : '往' + 방향/지점 + 이동'의 형태로 '~(쪽/방향)으로 이동하다'의 의미이며 '向' + 방향/지점 + 이동'과도 같은 뜻이다.

我慢慢地跟着月亮一路**往**回走。
나는 천천히 달을 따라 원래 있던 곳으로 되돌아가요.

去釜山科学技术大学, **往**哪儿走？
부산과학기술대학교 가려면 어디로 가야 합니까?

这儿人太多, 咱们**往**里走一走。
여기 사람이 너무 많군요, 저희 안쪽으로 들어갑시다.

人往高处走, 水**往**低处流。
사람은 높은 곳을 향해가고 물은 낮은 곳을 향해 흐른다.

只有 : '只 + 有'의 형식으로 소유하고 있는 사물이 단지 그것밖에 없음을 나타내고 '只有 + 명사'의 형식은 '~만 있다, ~밖에 없다'의 뜻이다.

你快乐吗我心中**只有**这句话。
너는 기쁘니? 내 마음 속에는 단지 이 말뿐이에요.

我家**只有**一个女儿。
우리 집에는 딸 하나만 있다.

冰箱里**只有**啤酒，没有别的。
냉장고에는 맥주만 있고 다른 건 없다.

这儿附近**只有**大韩银行。
이 부근에는 대한 은행밖에 없다.

연습문제

01 다음 문장에서 괄호 안의 단어가 들어갈 위치를 선택하세요.

(1) (慢慢的) A我 B跟着月亮 C一路 D往回走

(2) (我) A知道 B你 C有几秒钟 D也想念他

(3) (一种) A一个 B爱情习题 C未完 D待续

(4) (知道的) A你 B到最后 C爱你的 D是我

02 다음 단어를 순서대로 나열하여 문장을 만들어 보세요.

(1) 夏天的风 脸上 吹在 感觉 寂寞

(2) 我 什么 了解 是 原因

(3) 有什么 原谅 呢 不能

(4) 不会 爱 你的人 是我 错

03 알맞은 단어로 문장을 완성해 봅시다.

(1) 你________哭一切我都晓得

(2) 你听时间它一步一步________前走

(3) 一个爱情习题一种________完待续

(4) 没有关系让我________你回头

04 중국가사를 우리말로 옮겨 보세요.

(1) 我心疼你但心中有点痛

(2) 一句在雨伞下你说的对不起

(3) 亲爱的我们都会错

(4) 你快乐吗我心中只有这句话

潘玮柏 반위백

中文名：潘玮柏
外文名：Wilber Pan
别　名：潘帅
国　籍：美国
民　族：汉族
出生地：美国东部西维州的一个小镇
出生日期：1980年08月06日
职　业：歌手、演员
籍　贯：上海
生　肖：猴
星　座：狮子座
血　型：AB型
身　高：174cm
体　重：62kg
语　言：英语、国语、韩语、粤语、日语
毕业院校：加州州立理工大学
经纪公司：巨室音乐
代表作品：《麻辣鲜师》《不良笑花》《熊猫人》《爱无限》《麻辣高校生》
主要成就：凤凰卫视2003年度十大非常专辑奖、
第46届台湾金钟奖最佳男主角
唱片公司：环球唱片

潘玮柏(Wilber Pan)美籍华人，台湾流行歌手 2011年主演《爱∞无限》当选台湾46届金钟奖最佳男主角。潘玮柏刚出道时除身为ChannelV音乐台VJ外，常在台北接拍平面及电视广告，2002年向歌坛发展，缔造出《高手》《零零七》等八张畅销专辑，成为歌影视界的实力偶像全能艺人，在大陆人气鼎旺。2009年更升级潮店老板，所开设的NPC潮流服饰店在上海、北京均有店铺。2011年跨界软件行业，担任卡米果公司游戏创意总监设计了下载量第一的"熊猫屁王"游戏，成为中国演艺界第一个成功跨足软件业的艺人。其唱片全亚洲总销量已突破600万张。

중 문 명: 반위백
외 국 명: Wilber Pan
별 명: 潘帅
국 적: 미국
민 족: 한족
출 생 지: 미국 동부 루이스버그의 조그마한 소도시
생년월일: 1980년08월06일
직 업: 가수, 연기자
고 향: 상해
별 자 리: 사자자리
혈 액 형: AB형
띠 : 원숭이
키 : 174cm
몸 무 게: 62kg
언 어: 영어, 중국어, 한국어, 광동어, 일어
졸업학교: 캘리포니아 주립 이공대학
중개회사: 거실 음악
대표작품: 《麻辣鲜师》《不良笑花》《熊猫人》《爱无限》《麻辣高校生》
주요성과: 봉황 위성 2003년도 10대 특별한 개인 앨범상
제46회 대만 금종상 남우주연상
레코드사: 유니버셜 뮤직

반위백(Wilber Pan) 미국 국적 화교, 대만 인기 가수 2011년 주연 《爱∞无限》으로 대만 제46회 금종상 남우주연상을 받았다. 반위백은 막 사회에 진출했을 때 신분이 ChannelV음악 방송 VJ외에, 늘 타이베이에서 영화나 TV광고를 찍었다. 2002년 가요계 발전을 가져왔고, 《高手》《零零七》 등 8장의 매출이 높은 개인 앨범을 만들었으며, 노래, 영화, 텔레비전계의 만능 예술인으로 중국에서 인기가 높았다. 2009년 "潮店사장"으로 승진 했고, 상해에 NPC潮流의류 가게를 개설했고 북경에도 가게가 있다.
2011년 크로스오버(활동이나 스타일이 두 가지 이상의 분야에 걸친 것) 소프트웨어 사업과 卡米果회사 게임 총감독을 맡아 창의적인 구상과 다운로드양이 제일 많은 "熊猫屁王" 게임을 총 디자인했으며, 중국 연예계 제일의 소프트웨어업의 예술인이 되었다. 그의 음반은 전 아시아 총 판매량이 이미 600만장을 돌파했다.

이 곡은 2005년 11월에 발표하였고 이 노래의 가사는 두 명의 대학생의 사랑 이야기를 주제로 했다. 하지만 많은 사람들이 주변 사람의 사랑 이야기를 대변한 것이냐 라고들 묻지만 그런 것은 아니고 우리가 주위를 돌아보면 이런 종류의 이야기는 가까운 곳에서 흔히 볼 수 있다. 곡의 내용을 설명하자면 그들은 달콤하고 애정이 깊고 청춘이고 활발하여 사랑을 이해할 줄 안다. 단지 사랑은 시련이 필요하고 사랑이 깊을수록 질투가 많을수록 서로 간의 오해가 발생한다. 잘못을 초래한 후 필요한 것은 관용의 마음이라는 뜻의 내용이다.

10. 抱紧我别走 - 陈琳
라라라 - 이수영

Tīng jiàn wǒ dì yī cì kū qì shì zài mǒu nián de dōng jì
听见我第一次哭泣是在某年的冬季

Nǐ bǎ wǒ bào zài shǒu li yì diǎn tǐ jī
你把我抱在手里一点体积

Fù qīn de shǒu xiàng gǎng wān
父亲的手像港湾

Dàn wǒ gǎn jué shì lán tiān
但我感觉是蓝天

Kě yǐ ràng wǒ rèn yì biǎo yǎn
可以让我任意表演

Zuì zuì zì yóu de wǔ tái
最最自由的舞台

Rú jīn zhè piān yè mù zhōng
如今这片夜幕中

Yǒu zuì nán yú yuè de mèng
有最难逾越的梦

Wǒ shì nǐ xīn li de zuì tián nǐ chéng le zuì tòng
我是你心里的最甜你成了最痛

Měi dāng chuāng wài chuī guò yì sī sī de wēi fēng
每当窗外吹过一丝丝的微风

Wǒ jiù gǎn jué dào nǐ zài wǒ shēn biān qīng chàng
我就感觉到你在我身边轻唱

La...... La......
啦…… 啦……

Dì yī cì zhǔ dòng bào nǐ suǒ yǒu lèi shuǐ dōu cáng xiào lǐ
第 一 次 主 动 抱 你 所 有 泪 水 都 藏 笑 里

Xīn zhōng jiù xiàng xià le yì chǎng bào yǔ
心 中 就 像 下 了 一 场 暴 雨

Xiàng piàn guà zài le qiáng shang
相 片 挂 在 了 墙 上

Gé duàn wǒ men de zhǐ shì yí kuài bō li
隔 断 我 们 的 只 是 一 块 玻 璃

Shì jiè cóng cǐ jiù kāi shǐ fēn lí
世 界 从 此 就 开 始 分 离

Kū lèi le de ér tóng huí yì nà shuāng wēn nuǎn de tóng kǒng
哭 累 了 的 儿 童 回 忆 那 双 温 暖 的 瞳 孔

Nǎ pà néng gòu zài duō péi nǐ jǐ fēn zhōng
哪 怕 能 够 再 多 陪 你 几 分 钟

Měi dāng chuāng wài chuī guò yì sī sī de wēi fēng
每 当 窗 外 吹 过 一 丝 丝 的 微 风

Wǒ jiù gǎn jué dào nǐ zài wǒ shēn biān qīng chàng
我 就 感 觉 到 你 在 我 身 边 轻 唱

Yǎn qián fǎn fù fú xiàn nǐ shú xī de mú yàng
眼 前 反 复 浮 现 你 熟 悉 的 模 样

Wǒ gǎn jué yī rán zài nǐ shǒu zhǎng shang tiào wǔ
我 感 觉 依 然 在 你 手 掌 上 跳 舞

Nǐ de shì jiè shì fǒu yǒu xiān huā hé dà shù
你 的 世 界 是 否 有 鲜 花 和 大 树

Shì fǒu néng kàn jiàn wǒ wèi nǐ diǎn de là zhú
是 否 能 看 见 我 为 你 点 的 蜡 烛

La.... La....
啦 .... 啦 ....

Bào jǐn wǒ nǐ bié zǒu bié fàng shǒu
抱 紧 我 你 别 走 别 放 手

나를 안아주세요 떠나지 마세요

어느 해 겨울, 내가 처음 흐느낀 것을 들었어
아빠는 무게가 얼마 안 되는 나를 손 안에 안았지요
아빠의 손은 마치 항만과 같았는데
나는 푸른 하늘을 느꼈어요
나를 마음대로 표현 할 수 있었어요
아주 최고로 자유로운 무대였지요
지금 이 밤의 장막에는 뛰어 넘기 어려운 꿈이 있군요
나는 아빠 마음속에서 으뜸가는 행복감을 주는 존재였어요
그것은 아빠가 엄청난 고통을 겪으면서 이룬 것 이지요
창 밖에서 한줄기의 미풍이 불 때면 언제나
나는 느껴요 아빠가 내 곁에서 경쾌한 노래를
la...... la......
처음으로 먼저 아빠를 안았어요
모든 눈물은 웃음 속에 숨기고 마음속은
폭우가 내리는 듯 했어요
벽 위에 사진이 걸려있어요
우리를 가로막는 것은 한 조각의 유리뿐
그때부터 세상은 이별하기 시작 했어요
울다 지친 나는 아빠의 그 따뜻한 눈동자를 회상해요
몇 분간이라도 좀 더 아빠를 모실 수 있었으면 해요
창 밖에서 한줄기 미풍이 불어올 때면 언제나

나는 느껴요 아빠가 내 곁에서 경쾌한 노래를
눈앞에 거듭 아빠의 친숙한 모습이 떠오르네요
나는 여전히 아빠의 손바닥 위에서
춤을 추고 있는 것 같아요
아빠의 세계에는 생화와 큰 나무가 있나요
내가 아빠를 위해
촛불을 붙이고 있는 것을 볼 수 있나요
la...... la......
나를 안아주세요
가지마세요
손을 놓지 마세요

신HSK에서 자주 등장하는 신조어

蚂蚁族 : 개미족

⇒ 주로 도시 주변의 미개발 지역에 집중 거주하며 번듯한 직장을 구하지 못한 대학 졸업생을 가리킨다.
1980년대에 태어난 고학력이면서 미취업자인 사회적 약소계층의 젊은이들을 일컫는 말이다.

새단어

听见 [tīngjiàn] : 듣다
第一次 [dìyīcì] : 처음
哭泣 [kūqì] : 흐느끼다
某年 [mǒunián] : 어느 해
冬季 [dōngjì] : 겨울
抱 [bào] : 안다
体积 [tǐjī] : 부피
港湾 [gǎngwān] : 항구
蓝天 [lántiān] : 푸른 하늘
任意 [rènyì] : 제멋대로

表演 [biǎoyǎn] : 연기하다
自由 [zìyóu] : 자유롭다
舞台 [wǔtái] : 무대
如今 [rújīn] : 지금
夜幕 [yèmù] : 땅거미
逾越 [yúyuè] : 초과하다
甜 [tián] : 달콤하다
每当 [měidāng] : 매번
窗外 [chuāngwài] : 창밖
吹 [chuī] : 불다
微风 [wēifēng] : 미풍
轻唱 [qīngchàng] : 가볍게 노래 부르다
主动 [zhǔdòng] : 적극적
所有 [suǒyǒu] : 모든
藏 [cáng] : 숨기다
暴雨 [bàoyǔ] : 폭우
相片 [xiàngpiàn] : 사진
挂 [guà] : 걸다
墙 [qiáng] : 벽
隔断 [géduàn] : 가로막다
玻璃 [bōli] : 유리창
世界 [shìjiè] : 세계
从此 [cóngcǐ] : 지금부터
儿童 [értóng] : 아이
回忆 [huíyì] : 기억하다
温暖 [wēnnuǎn] : 따뜻하다
瞳孔 [tóngkǒng] : 눈동자
哪怕 [nǎpà] : 설령 ~일지라도
反复 [fǎnfù] : 반복하다, 거듭하다
浮现 [fúxiàn] : (지난 일이) 뇌리(눈앞 · 머릿속)에 떠오르다, 드러내다, 나타나다
熟悉 [shúxī] : 익숙하다
模样 [móyàng] : 모습
手掌 [shǒuzhǎng] : 손바닥
跳舞 [tiàowǔ] : 춤추다
鲜花 [xiānhuā] : 생화
大树 [dàshù] : 나무
点 [diǎn] : 켜다
蜡烛 [làzhú] : 촛불
抱紧 [bàojǐn] : 꼭 안다
放手 [fàngshǒu] : 놓다

어법해석

可以 : '可以'는 '~해도 된다'의 허가의 뜻이며 어떤 수준에 오른 능력을 나타내기도 한다. 문장형식은 '可以 + 동사'이다. '허락'을 청할 때 '可以'는 문장 뒤에 부가적으로 위치할 수 있다. 부정을 할 때는 '不可以'가 아니라 '不行'이나 '不能'을 써야 하는 점에 주의 하자.

可以让我任意表演, 最最自由的舞台。
나를 마음대로 표현 할 수 있었어요, 아주 최고로 자유로운 무대였지요.

这里**可以**抽烟吗？
여기서 담배 피워도 됩니까?

我**可以**用一下儿您的手机吗？
당신의 휴대폰을 제가 좀 써도 될까요?

没有门票也**可以**进去吗？
입장권이 없어도 들어갈 수 있나요?

从~开始 : '从~开始'는 '~로부터, ~때부터'의 의미로, 뒷 절에서 얘기하고자 하는 내용의 시점을 나타낸다. '从~起'로도 쓰인다.

世界**从**此就**开始**分离。
그때부터 세상은 이별하기 시작했어요.

我**从**今天**开始**, 重新学习汉语。
오늘부터 다시 중국어를 공부합니다.

从我上小学**开始**, 我已经学了十二年的英语, 可还是说不好。
초등학교 다닐 때부터 나는 이미 십 이년 동안 영어를 배웠지만 아직도 말을 잘 못합니다.

我的青春是**从**初中**开始**的。
내 청춘은 중학교부터 시작되었습니다.

看见: '동사 看 + 见 + 목적어'의 형태로 '대상을 감지함'을 나타낸다. 이러한 형태로 '碰见', '听见' 등이 있다.

是否能**看见**我为你点的蜡烛。
내가 당신을 위해 촛불을 붙이고 있는 것을 볼 수 있나요.

我姐姐远远地**看见**他在向我挥手。
언니는 멀리서 그가 나를 향해 손 흔드는 것을 보았다.

我们刚才在学校碰**见**了贾老师。
우리는 방금 학교에서 가선생님을 우연히 만났다.

我在梦里听**见**了妈妈在叫我。
나는 꿈속에서 엄마가 나를 부르는 것을 들었다.

연습문제

01 다음 문장에서 괄호 안의 단어가 들어갈 위치를 선택하세요.

(1) (让) A可以 B我 C任意 D表演
(2) (最甜) A我是 B你心里的 C你成了 D最痛
(3) (到) A我就 B感觉 C你在我身边 D轻唱
(4) (一丝丝的) A每当 B窗外 C吹过 D微风

02 다음 단어를 순서대로 나열하여 문장을 만들어 보세요.

(1) 你 抱在 手里 一点 体积 把我

(2) 的 手 像 父亲 港湾

(3) 心中 暴雨 就像 下了 一场

(4) 依然 我 在你手掌上 感觉 跳舞

03 알맞은 단어로 문장을 완성해 봅시다.

(1) 最最________的舞台
(2) ________这片夜幕中有最难逾越的梦
(3) 相片________在了墙上
(4) 世界从此________开始分离

04 중국가사를 우리말로 옮겨 보세요.

(1) 但我感觉是蓝天

(2) 听见我第一次哭泣是在某年的冬季

(3) 第一次主动抱你所有泪水都藏笑里

(4) 哪怕能够再多陪你几分钟

陈琳 진린

中 文 名：陈琳
国　　籍：中国
出生日期：1970年1月31日
逝世日期：2009年10月31日
职　　业：歌手
毕业院校：四川省舞蹈学院曲艺专业
代表作品：《你的柔情我永远不懂》
《爱就爱了》
出生年日：1970年1月31日
祭　　日：2009年10月31日
星　　座：水瓶座
血　　型：O型
籍　　贯：重庆
身　　高：160cm
体　　重：44kg
嗜　　好：跟朋友聊天
最喜欢的颜色：黑色、绿色
最喜欢的食物：辣味
最讨厌的食物：甜味
最喜欢的运动：游泳、网球
身体上最自信的地方：眼睛

陈琳(1970.1.31.－2009.10.31.)是中国大陆的一名女歌手，重庆奉节人。代表作品有《你的柔情我永远不懂》、《爱就爱了》等。2009年10月31日，陈琳在北京东坝奥林匹克花园三期701号楼跳楼自杀身亡。

중 문 명 : 진림

국　　적 : 중국

생년월일 : 1970년1월31일

기　　일 : 2009년10월31일

직　　업 : 가수

졸업학교 : 사천성 무도대학 설창 문예 전공

대표작품 : 《你的柔情我永远不懂》《爱就爱了》

별 자 리 : 물병자리

혈 액 형 : O형

본　　적 : 중경

키 : 160cm

몸 무 게 : 44kg

좋아하는 색 : 검은색, 녹색

좋아하는 음식 : 매운 맛

싫어하는 음식 : 단 맛

좋아하는 운동 : 수영, 테니스

마음에 드는 신체 부위 : 눈

진림(1970.1.31.-2009.10.31.)은 중국 대륙의 여가수이고 중경 평제인이다. 대표작품으로는《你的柔情我永远不懂》,《爱就爱了》등이 있다. 2009년 10월 31일, 진림은 북경동파 올림픽 화원 3기 701호 위층에서 뛰어내려 자살했다.《抱紧我别走》라는 곡은 한국 여가수 이수영의 "라라라"를 번안하여 부른 곡이다.

진림 사망 관련 기사 – 인기 여가수 진림(39세)이 2009년 10월 31일 새벽 북경 조양구에 위치한 동료 가수의 아파트 건물 9층에서 뛰어내려 사망했다. 시신은 당일 날 오전 7시께 발견됐으며 발견 당시 마스크를 쓰고 있고 목에 상처가 있었다. 또한 그녀가 사망한 10월 31일은 전 남편 심영혁의 생일인 사실이 밝혀졌다.

진림은 지난 1994년 소속사 사장인 심영혁과 결혼, 2007년 이혼했다. 2007년 5월 심영혁은 자신의 소속사와 막 계약을 한 신인 여성과 묘한 관계라는 의심을 샀다. 당시 진림은 부부사이를 회복하려 노력했지만 끝내 이혼에 이른 것으로 알려졌다. 그해 그녀는 현재 남편인 장초봉과 재혼했다. 하지만 이마저도 행복한 결혼생활이 아니었던 것으로 드러났다. 한 언론은 '진림은 최근 들어 현재 남편과 잦은 말다툼을 한다. 최근 만난 진림은 부쩍 야위여져 있었다'고 보도 한 적이 있다. 진림이 자살한 소식을 접하고 장초봉은 "머리가 텅 빈 듯하다. 호흡조차 할 수 없다"고 충격적인 심정을 전했다. (흑룡강신문=하얼빈)

11. 这么多年 - 辛晓琪
사랑보다 깊은 상처 - 임재범

Jiù zài tiān qì biàn lěng de nà tiān
就 在 天 气 变 冷 的 那 天

Tū rán zhī jiān fēi cháng xiǎng niàn
突 然 之 间 非 常 想 念

Huí yì shì yì chǎng xuě wǒ zài tiān dì biān yuán
回 忆 是 一 场 雪 我 在 天 地 边 缘

Hái shi xiǎng bào jǐn nǐ duō xī wàng shí jiān néng zàn tíng
还 是 想 抱 紧 你 多 希 望 时 间 能 暂 停

Zài yě huí bú qù nà nián qiū tiān
再 也 回 不 去 那 年 秋 天

Céng jīng yǐ wéi nà huì yǒng yuǎn
曾 经 以 为 那 会 永 远

Hòu lái shéi piàn le shéi shéi shuō bié zài jiàn miàn
后 来 谁 骗 了 谁 谁 说 别 再 见 面

Kū zhe fēn shǒu nà tiān shuō le duō shao tài shāng rén de zì yǎn
哭 著 分 手 那 天 说 了 多 少 太 伤 人 的 字 眼

Zhè me duō nián wǒ yì zhí nǔ lì yào bǎ nǐ wàng jì
这 么 多 年 我 一 直 努 力 要 把 你 忘 记

Xī wàng jiě tuō yǐ hòu yǒu zì yóu de tiān kōng
希 望 解 脱 以 后 有 自 由 的 天 空

Yǐ qián yuè xiǎng yí wàng yuè xiàn rù liú shā
以 前 越 想 遗 忘 越 陷 入 流 沙

Míng tiān shéi néng ràng wǒ xué huì jiān qiáng bú bèi kǔn bǎng
明 天 谁 能 让 我 学 会 坚 强 不 被 捆 绑

Jiù zài tiān qì biàn lěng de nà tiān
就在天气变冷的那天

Tū rán zhī jiān fēi cháng xiǎng niàn
突然之间非常想念

Nà yì nián de dà jiē shuì mǎn dì de luò yè
那一年的大街睡满地的落叶

Hái shi xiǎng bào jǐn nǐ duō xī wàng shí jiān néng zàn tíng
还是想抱紧你多希望时间能暂停

Zài yě huí bú qù xiāng ài nà nián
再也回不去相爱那年

Wǒ céng yǐ wéi nà huì yǒng yuǎn
我曾以为那会永远

Dāng chū wǒ bù jué jiàng yě xǔ néng dì jiǔ tiān cháng
当初我不倔强也许能地久天长

Wǒ fù chū le dài jià xué huì yí ge kuān róng de fāng fǎ
我付出了代价学会一个宽容的方法

Zhè me duō nián wǒ yì zhí nǔ lì yào bǎ nǐ wàng jì
这么多年我一直努力要把你忘记

Xī wàng jiě tuō yǐ hòu yǒu zì yóu de tiān kōng
希望解脱以后有自由的天空

Fǎn ér wēi xiào kàn guò wǎng cái zhī dào tǎn rán
反而微笑看过往才知道坦然

Yáng guāng bú zài yuǎn fāng wǒ zì yóu le bú bì yí wàng
阳光不在远方我自由了不必遗忘

Zhēn xīn ài guò fàn de cuò shì yí fèn xīn de shōu huò
真心爱过犯的错是一份心的收获

Xià yí ge ài qíng lái de shí hou yào wēn róu bǎ wò
下一个爱情来的时候要温柔把握

이렇게 오랜 세월

날씨가 추워지는 어느 날 갑자기 매우 그리웠어
기억은 한차례 눈으로 나는 천지의 가장자리에 있어
여전히 너를 안고 싶고 잠시 시간이 멈추길 무척 바랬어
다시는 그 가을로 돌아갈 수 없어
영원할거라고 생각 했었어
이후에 누가 누구를 속였든지
누구든 다시 만나지 말라고 했어
울며 헤어지던 그날 얼마나 상처 주는 말을 했던가
이렇게 오랜 세월 나는 줄곧 너를 잊으려 노력했고
벗어난 후에 자유의 하늘이 있기를 바랬어
이전에 잊으려 하면 할수록 더욱 사막에 빠졌어
내일의 누군가가 내가 묶여있지 않고
강하게 터득하게 해줄 거야
날씨가 추워지는 어느 날, 갑자기 매우 그리웠어
그 해의 거리는 온통 낙엽이 잠들어 있었고
여전히 너를 안고 싶고
잠시 시간이 멈추길 무척 바랬어
다시는 사랑했던 그 해로 돌아갈 수 없어
영원할거라고 생각 했었어
애초에 내가 고집이 세지 않았더라면
아마도 영원히 함께할 수 있었을 텐데
나는 대가를 지불했고 용서하는 방법을 배웠어
이렇게 오랜 세월 나는 줄곧
너를 잊으려 노력했고 벗어난 후에
자유의 하늘이 있기를 바랬어
오히려 미소로 교제하는 것을 보니

마음이 편하다는 것을 비로소 알았어
햇빛은 멀리 있지 않고 나는 자유로우니 잊을 것이 없어
진심으로 사랑했기에 한 실수는 마음의 수확이야
다음 사랑이 올 때 부드럽고 상냥하게 잡겠어

신HSK에서 자주 등장하는 성어

愚公移山 : 우공이산, 우공이 산을 옮긴다.
⇒ 위험과 곤란을 두려워하지 않고 강인한 끈기로 밀고 나가다.

유래 : 두 산 사이 북산(北山)이라는 곳에 살고 있던 우공(愚公)이란 사람은 나이가 이미 90세에 가까운데 이 두 산이 가로 막혀 돌아 다녀야 하는 불편을 덜고자 자식들과 의논하여 산을 옮기기 시작했고 옥황상제는 우공의 정성에 감동하여 두 산을 옮겨주었다.

새단어

冷 [lěng] : 춥다
突然 [tūrán] : 갑자기
回忆 [huíyì] : 기억
雪 [xuě] : 눈
天地边缘 [tiāndìbiānyuán] : 천지의 가장자리
希望 [xīwàng] : 바라다, 희망하다
暂停 [zàntíng] : 잠시 멈추다
秋天 [qiūtiān] : 가을
永远 [yǒngyuǎn] : 영원
后来 [hòulái] : 이후
骗 [piàn] : 속이다
哭 [kū] : 울다
分手 [fēnshǒu] : 헤어지다
伤人 [shāngrén] : 상처를 주다
字眼 [zìyǎn] : 말
一直 [yìzhí] : 줄곧
解脱 [jiětuō] : 벗어나다
以前 [yǐqián] : 이전에

越~越 [yuè~yuè] : ~할수록 더욱 ~하다
遗忘 [yíwàng] : 잊다
陷入 [xiànrù] : 빠지다
流沙 [liúshā] : 사막
明天 [míngtiān] : 내일
坚强 [jiānqiáng] : 완강하다
捆绑 [kǔnbǎng] : 묶다
大街 [dàjiē] : 큰 거리
满地 [mǎndì] : 도처, 온 사방
落叶 [luòyè] : 낙엽
倔强 [juéjiàng] : (성격이) 강하고 고집이 세다
地久天长 [dìjiǔtiāncháng] : 영원하다
付出 [fùchū] : 지불하다
代价 [dàijià] : 대가
宽容 [kuānróng] : 용서하다
方法 [fāngfǎ] : 방법
反而 [fǎn'ér] : 오히려
微笑 [wēixiào] : 미소
坦然 [tǎnrán] : 마음이 편하다
远方 [yuǎnfāng] : 먼 곳
遗忘 [yíwàng] : 잊다
真心 [zhēnxīn] : 진심
犯错 [fàncuò] : 실수하다
收获 [shōuhuò] : 수확하다
把握 [bǎwò] : (꽉 움켜) 쥐다, 잡다, 들다

어법해석

以为: '以为'는 '여기다, 생각하다, 알다. 인정하다'의 의미이다. 현대 한어에서 주로 '…라고 여겼는데 아니다'라는 부정적인 어기를 내포하고 있다.

曾经**以为**那会永远。
영원할 거라고 생각했었어.

本**以为**他不来了。
그가 오지 않을 것이라고 생각했어.

你**以为**他是韩国人吗？
당신은 그가 한국인줄 알고 있었어요?

你**以为**自己有什么了不得?
당신은 자신이 대단한 줄 알고 있어요?

再也～不: ‘再也~不’는 ‘더 이상 ~하지 않는다’이며 문장은 ‘再也不 + 동사’의 형식이다.

再也回不去相爱那年。
다시는 사랑했던 그 해로 돌아갈 수 없어요.

我**再也**不相信我父亲了。
나는 아버지를 더 이상 믿지 않는다.

我过去常把工作带回家,但现在**再也**不那样做了。
나는 예전에 집으로 일거리를 가져가곤 했지만, 더 이상 그러지 않는다.

我**再也**藏不住泪水了。
나는 더 이상 눈물을 감출 수가 없었다.

越～越: ‘…하면 할수록 …하다’의 의미이며 첩용(疊用)하여, 조건에 따라서 정도가 더욱 증가됨을 나타내는 것으로, ‘愈…愈…’와 같다. ‘越来越…’는 시간이 지남에 따라서 정도가 증가됨을 나타낸다.

以前**越**想遗忘**越**陷入流沙。
이전에 잊으려 하면 할수록 더욱 사막에 빠졌어요.

脑子**越**用**越**灵。
머리는 쓰면 쓸수록 잘 돌아간다.

他的汉语**越**说**越**流利。
그의 중국어는 하면 할수록 더 잘한다.

你别再吃了, **越**吃**越**胖。
당신 더 먹지 말아요, 먹으면 먹을수록 살쪄요.

연습문제

01 다음 문장에서 괄호 안의 단어가 들어갈 위치를 선택하세요.

(1) (之间) A突然 B非常 C想 D念

(2) (谁) A后来 B谁骗了 C谁说 D 别再见面

(3) (有) A希望 B解脱 C以后 D天空

(4) (我不) A 当初 B 倔强 C也许 D能地久天长

02 다음 단어를 순서대로 나열하여 문장을 만들어 보세요.

(1) 就在 那天 天气 变冷的

(2) 回不去 那年 秋天 再也

(3) 曾经 那会 永远 以为

(4) 那一年的 睡满 大街 地的 落叶

03 알맞은 단어로 문장을 완성해 봅시다.

(1) 回忆是________雪

(2) 以前________想遗忘________陷入流沙

(3) 哭著分手那天________了多少太伤人的字眼

(4) 还是想抱紧你________希望时间能暂停

04 중국가사를 우리말로 옮겨 보세요.

(1) 这么多年我一直努力要把你忘记

(2) 明天谁能让我学会坚强不被捆绑

(3) 再也回不去相爱那年

(4) 下一个爱情来的时候要温柔把握

辛晓琪 신효기

中 文 名： 辛晓琪
外 文 名： Winnie Hsin
国　　籍： 中国
籍　　贯： 辽宁省铁岭市昌图县
民　　族： 汉族
出 生 地： 台湾省台中市丰原区
出生日期： 1962年2月8日
职　　业： 歌手
毕业院校： 中国文化大学音乐系
经纪公司： 美梦成真音乐
代表作品： 领悟、味道、俩俩相忘、遗忘、
女人何苦为难女人、走过、深情难了
主要成就： 2004年“最佳跨界音乐专辑”奖
血　　型： B型
身　　高： 159cm
体　　重： 46kg
地　　区： 台湾
星　　座： 水瓶座
嗜　　好： 看电影、做手工皂、做模型、旅行
喜爱的运动： 有氧运动
喜爱的演员： BRAD PITT、JULIA ROBERTS
喜爱的歌手： MICHAEL JACKSON
喜爱的颜色： 随心情而定
新浪博客： http://blog.sina.com.cn/winniehsin

辛晓琪，台湾女歌手，被封为“疗伤系情歌天后”。至今出道25年，凭借《领悟》、《味道》、《走过》等经典情歌陪伴了一代人的成长。辛晓琪的歌淋漓尽致的诠释世间百态的爱情，总能把情歌唱得直抵人心，让听歌的男人女人一次又一次得以灵魂共鸣，人们总是能在她的歌曲里找到自己的故事，印证自己的爱情。

중 문 명 : 신효기
외 국 명 : Winnie Hsin
국 적 : 중국
본 적 : 요녕성 철령시 창도현
민 족 : 한족
출 생 지 : 대만 대중시 풍원구
생년월일 : 1962년2월8일
직 업 : 가수
졸업학교 : 중국 문화대학교 음악과
중개회사 : 꿈이 이루어지는 음악
대표작품 : 领悟、味道、俩俩相忘、遗忘、女人何苦为难女人、走过、深情难了
주요성과 : 2004년"최고 경계를 뛰어넘는 음악 개인 앨범"상
혈 액 형 : B형
키 : 159cm
몸 무 게 : 46kg
별 자 리 : 물병자리
취 미 : 영화관람, 수공 비누 만들기, 모형 뜨기, 여행
좋아하는 운동 : 기 운동
좋아하는 배우 : 브래드피트, 줄리아 로버츠
좋아하는 가수 : 마이클 잭슨
좋아하는 색깔 : 마음이 차분해지는 색
블 로 그 : http://blog.sina.com.cn/winniehsin

"치유 음악의 여인" 신효기는 성악을 전공했으며 데뷔 후 무명생활을 계속하다가 이종성의 눈에 띄게 된다. 대만의 뛰어난 제작자인 이종성의 곡은 그의 청아한 음색을 잘 살려주었고 이들은 90년대 대만에서 대히트를 기록한 곡들로 기록된다. 한국에도 관심이 많아 한국가요 번안곡으로 앨범을 제작하기도 했다. 대표곡으로는 《领悟》《味道》《爱上他不只是我的错》《永远》 등이 있다. 수록곡 《这么多年》은 임재범의 《사랑보다 깊은 상처》의 번안곡으로 한국가요 번안 앨범에 수록되어 있다.

신효기는 대만 여가수이고 "치료계의 사랑을 주제로 하는 노래의 마조신"으로 불린다. 사회에 나온 지 25년이 되었고 《领悟》《味道》《走过》 등에 의해 고전 사랑을 주제로 한 노래와 함께 성장하였다. 신효기의 노래는 남김없이 드러나는 세상의 천태만상 사랑을 노래했고 사랑노래로 사람의 마음을 전부 노래할 수 있으며 듣는 남녀로 하여금 다시 한 번 영혼이 동감 할 수 있으며 사람들은 늘 그녀의 노래에서 자신의 이야기를 찾을 수 있어서 스스로의 사랑을 증명한다.

12. 童话 - 辛晓琪
기도 - 정일영

Jiǎ rú bù céng yì qǐ nì zhe fēng pò zhe làng
假如不曾一起逆着风破着浪

Wǒ hái bù míng liǎo jué jiàng yuán lái shì yì zhǒng lì liang
我还不明了倔强原来是一种力量

Jiǎ rú bú shì yí dù tài jǔ sàng tài jué wàng
假如不是一度太沮丧太绝望

Xiàn zài zěn me dǒng pǐn cháng kǔ sè li gān tián de xiāng
现在怎么懂品尝苦涩里甘甜的香

Wǒ men bú zài páng huáng jīng huāng
我们不再徬徨惊慌

Bú shì yè bù lěng lù bù cháng
不是夜不冷路不长

Ér shì dǔ dìng shéi yí bù jiān qiáng
而是笃定谁一不坚强

Jiù huì bèi yōng bào dào xīn li yǒu tài yáng
就会被拥抱到心里有太阳

Yí hàn bù néng ài zài shēng mìng kāi shǐ nà tiān nà yì nián Wooh~~ Wooh~~
遗憾不能爱在生命开始那天那一年

Yì qǐ guò mèng xiǎng tóng nián duō chóu shào nián
一起过梦想童年多愁少年

Huì gèng yǒu gǎn jué
会更有感觉

Wǒ men zhǐ hǎo ài dào tóng huà mó miè nà fēn nà miǎo qián
我们只好爱到童话磨灭那分那秒前

Wēi xiào de qìng zhù xìng fú qiān shǒu jì niàn
微 笑 地 庆 祝 幸 福 牵 手 纪 念

Yǒng yuǎn de yǒng yuǎn dōu chán mián
永 远 的 永 远 都 缠 绵

(yǒng yuǎn dōu chán mián)
(永 远 都 缠 绵)

Xīn ruò kāi le chuāng
心 若 开 了 窗

Ài biàn chéng xìn yǎng
爱 变 成 信 仰

Wèi lái huì hěn liàng huì hěn cháng
未 来 会 很 亮 会 很 长

Dān xīn jiù xiǎng xiàng
担 心 就 想 像

Zhuān xīn jiù yí wàng
专 心 就 遗 忘

Wàng le jiù bú pà
忘 了 就 不 怕

Wooh~~~

동화

만약 역풍이 함께하지 않고 물결을 일으키지 않았다면
나는 아직 고집이 일종의 힘임을 이해하지 못했을 거야
만약 큰 좌절과 절망이 한 차례도 없다면
현재 어떻게 쓸쓸하고 떫음 속에
감미로운 향이 있음을 알까

우리들은 다시는 놀라 허둥지둥하며 방황하지 않아
밤도 춥고 도로가 긴 것이 아니라
틀림없이 누군가가 굳세지 않아서
마음속 태양을 포옹하고 있는 거야
생명이 시작된 그해 그날에
사랑할 수 없는 것이 유감스러워
어린 시절을 함께 꿈꾸고 살고,
어릴 적 걱정이 많고
더욱 많은 감정이 있을 수 있어
우리는 할 수 없이 동화가
사라지는 몇 분 몇 초까지 사랑해
미소 지으며 행복을 축하하고, 기념하며
영원히 영원히 헤어나지 못해
(영원히 영원히 헤어나지 못해)
마음이 만약 문을 열었다면,
사랑은 신앙으로 변하고
미래는 매우 밝고 매우 길 거야
걱정하면 상상되고,
전념하면 잊어버리고,
잊어버리면 두렵지 않아

신HSK에서 자주 등장하는 성어

刻舟求剑 : 각주구검, 배에 새겨 칼을 찾다.

⇒ 어리석고 미련하여 융통성이 없다.

유래 : 초나라 사람이 배에서 칼을 물속에 떨어뜨리고 그 위치를 뱃전에 표시하였다가 나중에 배가 움직인 것을 생각하지 않고 칼을 찾으려 했다.

朝三暮四 : 조삼모사, 아침에 세 번 주고 저녁에 네 번 주다.

⇒ 간사한 꾀로 남을 속여 희롱하다. 변덕이 심하여 믿을 수가 없다.

유래 : 먹이를 아침에 세 개, 저녁에 네 개씩 주겠다는 말에 원숭이들이 적다고 화를 내더니, 아침에 네 개, 저녁에 세 개씩 주겠다는 말에는 좋아하였다.

새단어

假如 [jiărú] : 만약
逆风 [nìfēng] : 역풍하다, 바람을 안고 가다
破浪 [pòlàng] : (선박이) 파도를 헤치다
明了 [míngliăo] : 이해하다
原来 [yuánlái] : 원래
力量 [lìliang] : 힘
一度 [yídù] : 일종
沮丧 [jŭsàng] : 좌절
绝望 [juéwàng] : 절망
现在 [xiànzài] : 현재
怎么 [zěnme] : 어떻게
懂 [dǒng] : 이해하다
品尝 [pĭncháng] : 맛보다
苦涩 [kŭsè] : 쓸쓸하고 떫다
甘甜 [gāntián] : 감미롭다
香 [xiāng] : 향기
彷徨 [pánghuáng] : 방황하다
惊慌 [jīnghuāng] : 놀라 허둥지둥하다
不是~而是 [búshì~érshì] : ~아니라 ~이다
笃定 [dŭdìng] : 틀림없이, 반드시
遗憾 [yíhàn] : 유감이다
生命 [shēngmìng] : 생명

梦想 [mèngxiǎng] : 꿈꾸다
童年 [tóngnián] : 어린 시절
多愁 [duōchóu] : 수심이 많다
少年 [shàonián] : 소년
只好 [zhǐhǎo] : 할 수 밖에 없다
童话 [tónghuà] : 동화
磨灭 [mómiè] : (공적·사실 따위가) 마멸되다, 소멸되다, 없어지다, 사라지다
庆祝 [qìngzhù] : 경축하다
幸福 [xìngfú] : 행복
牵手 [qiānshǒu] : 손을 잡다
纪念 [jìniàn] : 기념
缠绵 [chánmián] : (정에) 사로잡히다, 헤어나지 못하다
信仰 [xìnyǎng] : 신앙
未来 [wèilái] : 미래
亮 [liàng] : 밝다
担心 [dānxīn] : 걱정하다
想像 [xiǎngxiàng] : 상상하다
专心 [zhuānxīn] : 몰두하다, 열중하다
遗忘 [yíwàng] : (마땅히 해야 할 일을) 잊어버리다, 소홀히 하다

어법해석

还 : '还'는 동작이나 상태가 그대로 유지되어 지속됨을 나타낸다. 즉 '여전히, 아직'의 뜻이다.

我**还**不明了倔强。
나는 아직 고집이 센 것을 이해하지 못했어.

她**还**没回家呢。
그녀는 아직 집에 가지 않았습니다.

还没有修理好电脑呢。
컴퓨터를 아직 수리 못했어요.

他**还**在学习汉语呢。
그는 아직도 중국어를 공부하고 있어요.

谁 : '谁'는 '누구'의 뜻으로 의문문에 쓰이는 의문대명사이다. 문장에서 '谁'가 오면 '吗'는 쓰지 않는다. 이러한 의문대명사로는 '谁的, 什么, 哪, 什么地方, 什么时候, 哪儿, 多久, 怎么, 怎么样, 为什么, 怎么, 多少, 几' 등이 있다.

而是笃定**谁**一不坚强。
틀림없이 누군가가 굳세지 않아서야.

你等**谁**？
당신은 누구를 기다립니까?

谁教你们汉语？
누가 당신들에게 중국어를 가르치나요?

谁是韩国人, 谁是中国人？
누가 한국인이고, 누가 중국인 입니까?

很 : '很'은 '아주, 매우'의 뜻이며 진술문에 쓰여서 형용사와 같이 명사를 수식한다. 문장형식은 '很 + 형용사(구)'이다. '真'의 경우에는 '참, 진짜'의 뜻으로 감탄문에만 쓰이며 형용사와 같이 명사 앞에 놓을 수 없는 점에 주의하기 바란다.

未来会**很**亮会很长。
미래는 매우 밝고 매우 길 거야.

哈尔滨的冬天**很**冷。
하얼빈의 겨울은 매우 춥다.

他是一个**很**优秀的老师。
그는 매우 우수한 선생님이다.

我们都**很**爱她。
우리들은 모두 그녀를 아주 많이 사랑한다.

연습문제

01 다음 문장에서 괄호 안의 단어가 들어갈 위치를 선택하세요.

(1) (原来是) A我 B还不明了 C倔强 D一种力量

(2) (怎么懂) A现在 B品尝 C苦涩里 D甘甜的香

(3) (梦想) A一起过 B童年 C多愁 D少年

(4) (纪念) A微笑地 B庆祝 C幸福 D牵手

02 다음 단어를 순서대로 나열하여 문장을 만들어 보세요.

(1) 假如 一起 逆着 风 不曾 破着 浪

(2) 不再 傍徨 惊慌 我们

(3) 有太阳 就会 被拥抱 到心里

(4) 会很亮 未来 会很长

03 알맞은 단어로 문장을 완성해 봅시다.

(1) 爱在生命________那天那一年

(2) 而是笃定________一不坚强

(3) 永远的永远________缠绵

(4) 担心________想像, 专心________遗忘, 忘了________不怕

04 중국가사를 우리말로 옮겨 보세요.

(1) 假如不是一度太沮丧太绝望

(2) 不是夜不冷路不长

(3) 我们只好爱到童话磨灭那分那秒前

(4) 心若开了窗爱变成信仰

辛晓琪 신효기

辛晓琪于1976年考入“华冈艺术学校”音乐科西乐组，主修声乐，副修钢琴，选修大提琴。1979年以优异成绩甄试保送“中国文化大学”音乐系西乐组，主修声乐，副修钢琴，选修大提琴。毕业后，辛晓琪加入知名音乐学校当音乐导师。1987年，辛晓琪与福茂唱片签约，陆续发行三张专辑，虽然歌唱功力备受肯定，专辑也颇受好评，但并未打开知名度。

1992年加盟滚石唱片，李宗盛写下“领悟”一曲，这首歌使辛晓琪声名大噪，“领悟”专辑大卖，成功跻身知名畅销歌手之列；后续发行的“味道”亦是让人传唱至今的经典歌曲。 辛晓琪因其出色的优美嗓音及缔造的多张畅销专辑，始有“疗伤歌后”之称，并分别于1997年、1999年及2002年，以“爱上他不只是我的错”、“每个女人”、“永远”专辑入围第八届、第十届及第十三届金曲奖“最佳国语女演唱人”奖。“每个女人”也同时入围第十届金曲奖“最佳演唱专辑奖”。

신효기는 1976년 “华冈艺术学校” 의 음악과 서양 악기조에 입학하여 주전공 성악, 부전공 피아노, 선택과목으로 첼로를 전공했다. 1979년 특히 우수한 성적으로 국가가 추천하는 장학생으로 “中国文化大学” 음악과 서양 악기조에 입학했고 주전공 성악, 부전공 피아노, 선택과목으로 첼로를 전공했다. 졸업 후, 신효기는 유명음악학교에 음악 지도 교수로 들어갔다. 1987년, 신효기와 복무 레코드사와 계약하고 연이어 3장의 개인 앨범을 발표했으며 노래 실력이 좋아져서 개인 앨범도 상당한 호평을 받았지만 인지도는 높지 않았다.

1992년 滚石레코드사에 가입하고 이종성이 “领悟”라는 곡을 썼고 이 노래가 신효기의 명성을 크게 떨치게 하여 “领悟” 개인 앨범이 아주 많이 팔렸고 음반 판매량이 높은 가수의 대열에 들어서게 되었다. 후속으로 발행한 “味道”곡 또한 지금까지 유명한 고전 노래로 전해져 오고 있다. 신효기는 특출한 목소리와 여러 장의 매출이 좋은 개인 앨범을 만들어 냈고 “疗伤歌后”라는 이름을 갖기 시작했다. 1997년, 1999년 그리고 2002년에 각각 “爱上他不只是我的错”、“每个女人”、“永远”개인 앨범으로 제8회, 제10회 및 제13회 인기가요 상을 받았고 “최고 중국 여가수”상을 받았으며 “每个女人”도 동시에 제10회 인기가요 상에서 “최고 공연 개인 앨범상”을 받았다.

신효기의《童话》는 한국에서 2000년 9월에 16부작으로 방영된 드라마인 가을동화《蓝色生死恋》의 주제곡인 정일영의 "기도"를 번안한 곡이다. 2001年 발표한《永远》의 개인 앨범에《永远》《童话》《幸福背後》《这么多年》등이 수록되었다.《蓝色生死恋》는 두 가지를 함축하고 있다. 하나는 KBS에서 제작한《사계절 시리즈》드라마 모음집인데, 1년을 봄, 여름, 가을, 겨울로 사계절을 이름 지어서 제작 되었다. 다른 하나는 사계절 시리즈 제1부《秋日童话》을 중국 대륙과 대만 및 홍콩에서 번역한 이름이다. 한부의 유명한 소설을 드라마로 각색했다.

가을동화 줄거리

등장인물은 송혜교가 은서, 송승헌이 준서, 한채영이 신애예요
옛날에 산부인과에서 신애랑 은서랑 바뀐 거예요.
그러니까 신애가 부잣집인 은서의 집에 와야 하는데
가난한 집으로 가게 된 거고 반대로 은서는 신애의 가난한 집의 딸인데
부잣집에서 살게 된 거죠.
나중에 그 사실을 알게 되고
신애와 은서는 원래 자신의 집안으로 들어가게 되는 거죠.
준서는 은서를 잊지 못하고
나중에 준서와 은서가 어른이 되어 만나게 됩니다.
하지만 둘은 남매의 감정이 아닌 사랑하는 감정을 가지고 있습니다.
준서는 이미 약혼한 여자가 있고 은서는 자신이 일하는 호텔의
사장인 태석(원빈)을 만나게 되지요
태석은 은서를 사랑합니다. 준서와 친구사이 이기도 하고요
태석은 은서를 위해 모든 것을 주지만 둘의 사랑을 이길 순 없는 거죠
은서는 나중에 불치병에 걸리게 되고 계속 치료를 받다가
준서와 은서는 병원을 잠시 나와 둘이 여행을 갑니다.
그러다가 준서의 등에 업혀서 은서는 죽음을 맞이합니다.
이런 아주 감동적인 내용입니다.

13. 恋情频率 - 许志安(许慧欣合唱)
알로하 - 쿨

Hǎo jiǔ méi yǒu chuī wēi fēng de wǎn shang
好 久 没 有 吹 微 风 的 晚 上

Wǒ men kàn zhe shān xià dū shì dēng guāng
我 们 看 着 山 下 都 市 灯 光

Nǐ shuō kuài lè hé zì yóu shì qióng rén de tiān táng
你 说 快 乐 和 自 由　是 穷 人 的 天 堂

Zhè zhǒng xiǎng fǎ wǒ hěn xǐ huan
这 种 想 法 我 很 喜 欢

Nǐ yào wǒ bì shàng yǎn jing xiǎng xiàng OH~
你 要 我 闭 上 眼 睛 想 像

Yǒu wǒ kàn bú jiàn de yí ge yuǎn fāng
有 我 看 不 见 的 一 个 远 方

Nǐ shuō dì qiú shì lè yuán yào yòng xīn qù yóu lǎn
你 说 地 球 是 乐 园　要 用 心 去 游 览

Zhè zhǒng shuō fǎ duō làng màn
这 种 说 法 多 浪 漫

Xīn zài fēi lù hěn cháng
心 在 飞 路 很 长

Wǒ men shì bǐ cǐ de bì fēng gǎng
我 们 是 彼 此 的 避 风 港

Tīng zhe nǐ
听 着 你

I Believe

Liáo dào cóng qián hé wèi lái
聊 到 从 前 和 未 来

Nǐ xīn li suǒ yǒu de mèng gēn wǒ hěn xiàng
你 心 里 所 有 的 梦 跟 我 很 像

OH YOU LIGHT UP MY LIFE

Suǒ yǐ wǒ yě xī wàng
所 以 我 也 希 望

Wǒmen xīn zhōng pín lǜ dōu yí yàng
我 们 心 中 频 率 都 一 样

Mèng jiā diǎn gǎn jué
梦 加 点 感 觉

Sī niàn zhuāng shang chì bǎng
思 念 装 上 翅 膀

Ài shì wú xiàn kě néng de fēi xiáng
爱 是 无 限 可 能 的 飞 翔

OH YOU LIGHT UP MY LIFE

Wǒ xiǎng ràng nǐ fēn xiǎng
我 想 让 你 分 享

Wǒmen xīn dòng shí fèn de mèng xiǎng
我 们 心 动 时 分 的 梦 想

Zhè shì yí ge kāi shǐ hái shi yì zhǒng huàn xiǎng
这 是 一 个 开 始 还 是 一 种 幻 想

Wèi lái zhèng zài děng dài bú shì ma
未 来 正 在 等 待 不 是 吗

Yì zhí xiǎng gēn nǐ shuō
一 直 想 跟 你 说

Nà tiān yì qǐ chī wǎn fàn
那 天 一 起 吃 晚 饭

Xiǎng wèn nǐ kāi xīn ma
想 问 你 开 心 吗

Zhè xiē rì zi
这 些 日 子
Kàn zhe nǐ
看 着 你
Zhuī zhe zì jǐ de mèng xiǎng
追 着 自 己 的 梦 想
Kuài lè zhuān xīn de měi ge yàng zi
快 乐 专 心 的 每 个 样 子
Wǒ xiǎng
我 想
Wǒmen de mèng yǒu yí yàng de pín lǜ
我 们 的 梦 有 一 样 的 频 率
Bú shì ma
不 是 吗

애정 주파수

오랫동안 미풍이 불지 않은 저녁
우리들은 산 아래 도시 불빛을 보고
너는 기쁨과 자유는 가난한 사람의 천당이라고 했지
이런 생각을 나는 매우 좋아해
너는 내게 눈을 감고 내가 볼 수 없는
먼 곳을 상상해보라고 했지
너는 지구는 낙원이니, 마음껏 구경해보라고 했지
이런 표현은 매우 낭만적이야
마음은 오랫동안 날고 있고, 우리들은 서로의 항구야,
너를 들으며
I Believe

옛날과 미래를 이야기하고
너의 마음속 모든 꿈은 나와 매우 닮아있어
OH YOU LIGHT UP MY LIFE
그래서 나도 우리 맘속의 주파수가 같아서
꿈에 느낌을 더하고 그리움에 날개를 더하길 바래
사랑은 무한한 가능의 비상이야
OH YOU LIGHT UP MY LIFE
난 우리의 가슴 설레는 꿈을 너와 함께 나누고 싶어
이것이 하나의 시작일까? 환상일까?
미래가 기다리고 있지 않니?
줄곧 당신과 말하고 싶었어, 그때 같이 저녁 먹을 때
즐거우냐고 묻고 싶었어
요즘 너를 보며, 내 자신의 꿈을 좇고 있어
행복하게 몰두해
나는 우리들의 꿈이 같은 주파수라고 생각해, 아니니?

신HSK에서 자주 등장하는 성어

塞翁之马 : 새옹지마, 변방에 사는 늙은이의 말(马)
⇒ 세상만사가 변화무쌍하므로 인생의 길흉화복은 예측할 수 없다.
유래 : 변방에 살던 어떤 노인이 자기가 기르던 말로 인하여 화(祸)가 복이되고 복이 화가 되었다.

结草报恩 : 결초보은, 풀을 묶어 은혜를 갚다.
⇒ 죽어서도 잊지 않고 은혜를 갚는다.
유래 : 춘추시대 진나라의 위과(魏颗)가 아버지가 세상을 떠난 후에 서모를 순장하지 않고 재혼시켰는데, 그 후 전쟁터에서 그녀 아버지의 혼이 나타나 적군의 앞길에 풀을 묶어서 적을 넘어뜨려 위과가 공을 세울 수 있었다.

새단어

好久 [hǎojiǔ] : 오랫동안
吹 [chuī] : 불다
微风 [wēifēng] : 미풍
都市 [dūshì] : 도시
灯光 [dēngguāng] : 불빛
快乐 [kuàilè] : 기쁨
自由 [zìyóu] : 자유
穷人 [qióngrén] : 가난한 사람
天堂 [tiāntáng] : 천당
闭上 [bìshàng] : 감다
眼睛 [yǎnjing] : 눈
想像 [xiǎngxiàng] : 상상
看不见 [kànbújiàn] : 볼 수 없다
远方 [yuǎnfāng] : 먼 곳
地球 [dìqiú] : 지구
乐园 [lèyuán] : 낙원
用心 [yòngxīn] : 심혈
游览 [yóulǎn] : 유람하다
浪漫 [làngmàn] : 매우 낭만적이다
彼此 [bǐcǐ] : 서로
避风港 [bìfēnggǎng] : 대피소
聊 [liáo] : 이야기하다
频率 [pínlǜ] : 빈도 (주파수)
感觉 [gǎnjué] : 느낌
装 [zhuāng] : 달다
翅膀 [chìbǎng] : 날개
无限可能 [wúxiànkěnéng] : 무한한 가능
飞翔 [fēixiáng] : 비상하다
分享 [fēnxiǎng] : 함께 누리다
心动时分 [xīndòngshífèn] : 마음이 움직일 무렵
幻想 [huànxiǎng] : 환상
未来 [wèilái] : 미래
追梦想 [zhuī mèngxiǎng] : 꿈을 쫓아가다

어법해석

喜欢 : '喜欢'은 '~을 좋아한다'는 뜻으로 뒤에 명사나 명사구, 동사나 동사구를 동반한다. 부정형의 형식은 + 동사(구)/명사(구)이고, 주어 + 喜(欢)不喜欢~?의 형식이다.

这种想法我很**喜欢**。
이런 생각을 나는 매우 좋아해요.

我**喜欢**吃韩国的泡菜。
나는 한국김치를 좋아한다.

我不**喜欢**那个男孩儿。
난 그 남자애를 싫어한다.

你**喜(欢)**不**喜欢**吃生鱼片？
회 먹는 거 좋아하세요?

要 : '要'는 주로 '개인의 의지에 의해 ~하려고 한다'의 의미이며 '要 + 동사'의 형태로 쓰인다. 조동사로 쓰일 때 정도 보어의 수식을 받을 수 없다. '要'뒤에 명사가 올 경우 '~이 필요하다'이고 부정형은 '不要'이다. '要'뒤에 동사가 올 경우 '~해야 한다'의 의미이고 부정형은 '不用'이다.

你**要**我闭上眼睛想像。
너는 내게 눈을 감고 상상해보라고 했지.

这个假期我**要**在我爸爸公司打工。
이번 방학에 난 아버지 회사에서 아르바이트 하려고 한다.

你**要**喝啤酒还是烧酒？
맥주 마실 거예요? 소주 마실 거예요?

到釜山站**要**多长时间？
부산역까지 얼마나 걸려요?

正在: '(正)在'는 '~하고 있다'의 의미이며 문장형식은 '(正)在 + 동사'이다. 의문형은 '(正)在 + 동사~?'로 '~하고 있습니까?'이고 부정형은 '没(有) + 동사'로 '~하고 있지 않다'이다.

未来**正在**等待不是吗?
미래가 기다리고 있지 않니?

你打来电话的时候, 我**正在**跟丈夫看电视呢。
네가 전화했을 때 나는 남편하고 텔레비전 보고 있었어.

我去找他的时候, 他**正在**吃饭呢。
내가 그를 찾아갔을 때 그는 밥을 먹고 있었다.

我们去他家的时候, 他**正在**和孩子们打扫卫生呢。
우리가 그의 집에 갔을 때 그는 아이들과 청소하고 있었다.

연습문제

01 다음 문장에서 괄호 안의 단어가 들어갈 위치를 선택하세요.

(1) (的) A有 B我 C看不见 D一个远方

(2) (快乐和自由) A你说 B是 C穷人的 D天堂

(3) (很) A心 B在飞 C路 D长

(4) (所有的梦) A你 B心里 C跟我 D很像

02 다음 단어를 순서대로 나열하여 문장을 만들어 보세요.

(1) 我们 山下 都市 看着 灯光

(2) 你要 想像 我 闭上 眼睛

(3) 多 这种 说法 浪漫

(4) 我们 彼此的 是 避风港

03 알맞은 단어로 문장을 완성해 봅시다.

(1) 聊________从前和未来

(2) 我________让你分享，我们心动时分的梦想

(3) 这是一个开始________一种幻想，未来正在等待不是吗

(4) 我想我们的梦有一样的频率________吗

04 중국가사를 우리말로 옮겨 보세요.

(1) 这种想法我很喜欢

(2) 你说地球是乐园要用心去游览

(3) 所以我也希望我们心中频率都一样

(4) 爱是无限可能的飞翔

许志安 허지안

中文名： 许志安
外文名： Andy Hui
别　名： 安哥
国　籍： 中国香港
民　族： 汉族
出生地： 中国广州
出生日期： 1967年8月12日
职　业： 演员，歌手，主持人
语　言： 粤语、英语、普通话
星　座： 狮子座
身　高： 176厘米
体　重： 68公斤
血　型： A型
婚姻状况： 未婚
女　友： 郑秀文
家庭状况： 五兄四姐(排名最小)
最钟意的演员： Al Pacino、Robert、李小龙、梁朝伟
代表作品： 《翻腾》《Crazy Rain》《喜欢你是你》《昨迟人》《七号差馆》
主要成就： 十大劲歌金曲最受欢迎男歌手、叱咤乐坛流行榜男歌手金奖
TVB十大劲歌金曲金曲奖、叱咤乐坛流行榜我最喜爱的男歌手
2005年香港十大杰出青年
新浪微博： http://t.sina.com.cn/xuzhian

许志安(Andy Hui, 1967年8月12日－)，男，籍贯广东番禺，生于香港，为香港著名实力派歌手及影视演员，于2001年获得十大劲歌金曲颁奖礼最受欢迎男歌手，1999、2000、2003年三度夺得“叱吒乐坛男歌手金奖”和2002年度“叱吒乐坛我最喜爱的男歌手”。同时于2005年被选为香港十大杰出青年。代表作品有《翻腾》、《昨迟人》、《七号差馆》等。

중 문 명 : 허지안

외 국 명 : Andy Hui

별　　명 : 안가

국　　적 : 중국 홍콩

민　　족 : 한족

출 생 지 : 중국 광주

생년월일 : 1967년8월12일

직　　업 : 연기자, 가수, 사회자

언　　어 : 광동어, 영어, 중국어

별 자 리 : 사자자리

키 : 176㎝

몸 무 게 : 68㎏

혈 액 형 : A형

혼인관계 : 미혼

여자친구 : 郑秀文(정수문)

가　　족 : 5남4녀(막내)

좋아하는 배우 : 알파치오, 로버트, 이소룡, 양조위

대표작품 : 《翻腾》《Crazy Rain》《喜欢你是你》《昨迟人》《七号差馆》

주요성과 : 10대 유행가 인기 가요 가장 인기 있는 남자 가수
질타 음악계 유행 순위 남자 가수 금상
TVB 10대 유행가 인기 가요 인기 가요상
질타 음악계 유행 순위 내가 가장 좋아하는 남자 가수
2005년 홍콩 10대 걸출한 청년

블 로 그 : http://t.sina.com.cn/xuzhian

허지안(Andy Hui, 1967년8월12일-), 남, 고향은 광동 판위, 출생은 홍콩, 홍콩 유명한 실력파 가수 및 영화와 텔레비전 연기자이고 2001년에 10대 유행가 인기 가요 가장 인기 있는 남자 가수가 되었으며, 1999, 2000, 2003년도에 夺得 "질타 음악계 유행 순위 남자 가수 금상"을 2002년도에 "질타 음악계 유행 순위 내가 가장 좋아하는 남자 가수"상을 수상했다. 동시에 2005년 홍콩 10대 걸출한 청년에 뽑혔다.

대표작으로는 《翻腾》,《昨迟人》,《七号差馆》 등이 있다. 홍콩 최고의 실력파 가수인 허지안은 1986년 신수가창대회로 입상했으나 데뷔 기회를 찾지 못하거나 초반 앨범 성적이 별로 좋지 않은 등 우여곡절이 많았다.

정수문의 남자친구로만 알려졌던 허지안은 1990년대 후반에서야 실력을 인정받고 2000년대 초반 홍콩에서 최고 남자가수 상을 휩쓸며 정상에 올랐으며 현재 가수로, 배우로 활발히 활동하며 지명도를 높이고 있다. 홍콩과 대만 예술인인 허지안과 허혜흔이 함께 사랑노래를 불렀고 한국의 가수 팀인 Cool(쿨)의 노래 Aloha를 번안하여 리바이벌했다. 대표곡으로는 《其实你心里有没有我》《男人最痛》《女人最苦》《前程锦绣》 등이 있다.

14. 最爱的人 - 姜育恒
내사랑 내곁에 - 김현식

Lù kàn bú jiàn de jìn tóu shì ài nǐ de xiāng chóu
路看不见的尽头是爱你的乡愁

Bù néng huí shǒu bù kān huí shǒu yǎn lèi yǐ méng lóng
不能回首不堪回首眼泪已朦胧

Jiǔ yǐ hē de nà me duō què zuì bù liǎo jì mò
酒已喝的那么多 却醉不了寂寞

Diē die zhuàng zhuàng xiǎng kāi kǒu xiǎng chǒng tóu lái guò
跌跌撞撞想开口想重头来过

Ài zài shī qù de shí hou cái tǐ huì chū wēn róu
爱在失去的时候才体会出温柔

Yuè xiǎng táo bì yuè xiǎng huī huò xīn yuè bèi tāo kōng
越想逃避越想挥霍心越被掏空

Mèng xǐng lái de nǐ hé wǒ zài tiān yá de liǎng tóu
梦醒来的你和我在天涯的两头

Wèi hé dāng chū suǒ yǒu zhí zhuó bù néng dào zuì hòu
为何当初所有执著不能到最后

Zuì ài de rén wǒ ài nǐ nà me shēn
最爱的人我爱你那么深

Wǒ zhī dào wǒ de jīn shēng bú huì zài ài bié ren
我知道我的今生不会再爱别人

Zuì ài de rén wǒ ài nǐ nà me tòng
最爱的人我爱你那么痛

Shí jiān duì wǒ lái shuō zhǐ shèng huǐ hèn hé xū kōng
时间对我来说只剩悔恨和虚空

이 세상 하나 뿐인 그대

너의 대한 생각에 끝을 볼 수 없었지
돌아볼 수 없고, 돌려볼 수 없어, 눈물이 앞을 가려
술에 취해 보지만 마음은 적적하기만 해
비틀거리며 다시 시작하고 싶다고 말하고 싶었지
사랑을 잃고 나서야 그 부드러움을 알았어
도피하려면 할수록 다른 이들에게
헤프게 써버리게 되고 더욱 공허하기만 해
꿈에서 깨어나니 너와 나 아득히 멀리 떨어져 있어
왜 우리 처음 사랑이 최후까지 오지 못했을까
이 세상 하나뿐인 그대여 내 사랑이 너무 깊어
평생 다시 누군가를 사랑할 수 없는 나란걸 알아
이 세상 하나뿐인 그대여 내 사랑이 너무 아파요
시간은 나에게 오로지 후회와 허무함만을 남길 뿐이야

신HSK에서 자주 등장하는 성어

守株待兔 : 수주대토, 나무에 기대어 토끼를 기다리다.
⇒ 세상에 공짜는 없다.
유래 : 송나라의 한 농부가 어느 날 토끼 한 마리가 밭 가운데 있는 그루터기에 머리를 들이받고 죽는 것을 보고 토끼가 또 그렇게 달려와서 죽을 줄 알고 밭 갈던 쟁기를 집어 던지고 그루터기만 지켜보고 있었지만 토끼는 다시 나타나지 않았다.

亡羊补牢 : 망양보뢰, 양을 잃고 우리를 고친다.
⇒ 이미 문제가 발생한 후에 보완하다.
유래 : 초나라의 장신(庄辛)이 국고를 낭비하는 양왕에게 국사에 전념할 것을 충언했으나 왕이 듣질 않자 조나라로 떠났고 얼마 후 진나라의 공격을 받은 양왕은 뒤늦게 장신을 불러들여 상황을 해결하는 방법을 물었다.

새단어

尽头 [jìntóu] : 끝, 막바지
乡愁 [xiāngchóu] : 향수
回首 [huíshǒu] : 돌아보다, 회상하다
堪 [kān] : 견딜(참아 낼·이겨 낼·감당할) 수 있다
眼泪 [yǎnlèi] : 눈물
朦胧 [ménglóng] : 앞을 가리다
醉 [zuì] : 술에 취하다
不了 [bùliǎo] : 다 …해낼 수는 없다, …할 수(가) 없다, 그렇게 될 수 없다
寂寞 [jìmò] : 적적하다
跌跌撞撞 [diēdiezhuàngzhuàng] : 비틀거리다
开口 [kāikǒu] : 싫다고 말하다
重头 [zhòngtóu] : 중요한 부분
失去 [shīqù] : 잃다
体会 [tǐhuì] : 체험하여 터득하다
越~越 [yuè~yuè] : ~하면 할수록~하다
逃避 [táobì] : 도피하다
挥霍 [huīhuò] : 헤프게 쓰다
掏空 [tāokōng] : 다 소진하다, 텅 비다

醒 [xǐng] : 깨다
天涯 [tiānyá] : 아득히 먼 곳, 하늘 끝
为何 [wèihé] : 왜
当初 [dāngchū] : 처음
所有 [suǒyǒu] : 모든
执著 [zhízhuó] : 집착하다
剩 [shèng] : 남다
悔恨 [huǐhèn] : 후회하다
虚空 [xūkōng] : 허무하다

어법해석

被 : '被'가 있는 문장은 '피동문, 수동문'으로 부르고 어떤 주체(사람, 사물)가 동작을 할 때, 그 행위가 자신의 의지에 의한 것이 아니라 타인의 강요나 의지에 의해 행하여짐을 나타낼 때 사용한다. 문장형식은 '피해자(사람, 사물) + 被 + 가해자 + 행위'이며 '누가(무엇이) ~에게 ~당하다'의 의미이다.

越想逃避, 越想挥霍, 心越**被**掏空。
도피하려면 할수록, 더욱 헤프게 써버리게 되고, 마음은 더욱 공허하기만 해요.

他**被**选送到首尔大学学习。
그는 선발되어서 서울대학에 가 공부한다.

他在第一轮比赛中就**被**淘汰了。
그는 제1회전에서 탈락했다.

他天天晚归, 因此**被**父母臭骂一顿。
그는 매일 늦게 들어와서, 부모에게 한바탕 호된 꾸지람을 들었다.

对~来说 : '对~来说'는 '~에게는, ~로 말하자면'의 의미로 주로 문장의 앞 절에 쓰이고 특정한 사람이나 일의 각도를 나타내고, 뒷 절에는 앞 절에서 제시한 각도에서 이루어지는 판단이나 견해 등이 온다.

时间**对**我**来说**, 只剩悔恨和虚空。
나한테 시간은 오로지 후회와 허무함만을 남길 뿐이에요.

对学生**来说**，学习是最重要的事。
학생에게 있어서 공부가 제일 중요한 일입니다.

对初学汉语的学习者**来说**，发音最难。
중국어를 처음 학습하는 학습자에게 발음은 제일 어렵습니다.

对你们**来说**幸福的定义是什么？
당신들에게 행복의 정의는 무엇입니까?

却 : 却는 '그러나'의 의미로, 전환을 나타내는 경우에 쓴다. 종종 전환의 의미를 나타내는 접속사 '可是, 但是'등과 함께 쓰이며, 도 앞 절의 '虽然'과 호응하여 쓰이기도 한다.

你眼睛不看我, **却**看着我面前空气。
당신의 눈은 나를 보고 있지 않아요, 오히려 내 눈 앞의 공기를 보고 있어요.

我对他很热情，他**却**冷淡。
나는 그에게 친절하게 대했으나 그는 냉담하기만 하다.

他爷爷年纪很大, 可是动作**却**很快。
그의 할아버지는 연세가 많으시지만 동작이 무척 빠르시다.

有些孩子随便花父母给的钱, **却**又不怎么尊重父母。
어떤 아이들은 부모가 준 돈은 마음대로 쓰면서 부모는 존중하지 않는다.

연습문제

01 다음 문장에서 괄호 안의 단어가 들어갈 위치를 선택하세요.

(1) (尽头) A路 B看不见的 C是 D爱你的乡愁

(2) (才) A爱 B在失去的时候 C体会出 D温柔

(3) (为何) A当初 B所有 C执著 D不能到最后

(4) (那么) A最 B爱的人 C我爱你 D痛

02 다음 단어를 순서대로 나열하여 문장을 만들어 보세요.

(1) 来过 跌跌撞撞 想 开口 想 重头

(2) 越想挥霍 越想逃避 心越 被掏空

(3) 最爱的人 那么 我爱你 深

(4) 我知道 不会 我的 爱 今生 再 别人

03 알맞은 단어로 문장을 완성해 봅시다.

(1) 酒已喝的那么多却醉________寂寞

(2) 梦醒来的你和我在天涯的________

(3) 时间________我来说只剩悔恨和虚空

(4) 不能回首不________回首眼泪已朦胧

姜育恒 강육항

中 文 名： 姜育恒
外 文 名： Johnny
别　　名： 忧郁王子
国　　籍： 韩国
民　　族： 汉族
出 生 地： 韩国首尔
出生日期： 1958年11月15日
籍　　贯： 山东荣成
身　　高： 1.73米
血　　型： A型
星　　座： 天蝎座
身　　份： 韩国华侨
排　　行： 老三(上面有一兄、一姊)
家庭成员： 太太(小凤)、女儿(汶婷)
专　　长： 词曲创作
喜欢颜色： 黑色
职　　业： 歌手、自由职业人
经纪公司： 百娱国际文化传媒有限公司
代表作品： 《再回首》、《跟往事干杯》、《驿动的心》、《爱我你怕了吗》
主要成就： 获演唱类 -最佳国语专辑奖

姜育恒，1958年11月15日生于韩国首都首尔，祖籍山东省荣成。韩国华侨，中国台湾著名男歌手。 主要代表作有：《再回首》、《跟往事干杯》、《驿动的心》、《爱我你怕了吗》等。1984年开始发行唱片，以一首《再回首》而闻名，此曲曾被王杰，李翊君等明星翻唱。至今姜育恒在两岸三地的人气依然不减，是华语乐坛上的一颗"永恒之星"。

중 문 명: 姜育恒
외 국 명: Johnny
별 명: 우울왕자
국 적: 한국
민 족: 한족
출 생 지: 한국 서울
생년월일: 1958년11월15일
본 적: 산동성 용성
키 : 173㎝
혈 액 형: A형
별 자 리: 전갈자리
신 분: 한국 화교
가 족: 셋째(형님, 누나)
가족관계: 부인(小凤), 딸(汶婷)
특 기: 가사와 곡 창작
좋아하는 색깔: 검정
직 업: 가수, 자유 직업인
중개회사: 百娱国际文化传媒有限公司
대표작품: 《再回首》､《跟往事干杯》､《驿动的心》､《爱我你怕了吗》
주요성과: 음악류의"최고 중국어 개인 앨범상"을 수상했다.

강육항, 1958년11월15일 한국 수도 서울에서 태어났고 본적은 산동성 용성이다. 한국 화교이고 중국 대만에서 유명한 남자 가수다. 주요 대표작으로는《再回首》､《跟往事干杯》､《驿动的心》､《爱我你怕了吗》 등이 있다. 1984년에 음반 발표를 시작해서, 이《再回首》라는 곡으로 유명해졌고 일찍이 "王杰, 李翊君" 등 스타들의 노래를 리바이벌했다. 지금까지 강육항은 중국, 대만, 홍콩에서 인기가 여전하고 중국 음악계에서 하나의 "永恒之星"으로 불린다.

어렸을 때 부모님을 잃고 고된 성장 과정을 겪고 대만에 건너가 가수로 성공하였다. 독특한 보이스 컬러를 가지고 있으며 한국의 유명한 가요들을 리메이크한 앨범으로 사랑을 받았다. 수록곡《跟往事干杯》는 일본의 국민가수 나카붙이 츠요시의《干杯》를 번안한 곡이며, 한국에서도 번안되기도 했다. 대표곡으로는《再回首》《跟往事干杯》《骚动的心》《爱我你怕了吗》 등이 있다.

15. 还像情人一样 - 苏永康
부탁해요 - 왁스

Jiē dēng zhào liàng zhěng ge wǎn shang
街 灯 照 亮 整 个 晚 上

Wǒ de ài qíng què shī qù guāng máng
我 的 爱 情 却 失 去 光 芒

Nǐ lí kāi hòu shì jiè zhòu duǎn yè cháng
你 离 开 后 世 界 昼 短 夜 长

Ér wǒ de xìng fú shì fǒu yǐ bú zài tiān liàng
而 我 的 幸 福 是 否 已 不 再 天 亮

Wǒ yào huí yì zǒu fǎn fāng xiàng
我 要 回 忆 走 反 方 向

Sī niàn xiǎng táo nǐ què zǒng gēn shàng
思 念 想 逃 你 却 总 跟 上

Wǒ dài zì jǐ lí kāi suǒ yǒu guò wǎng
我 带 自 己 离 开 所 有 过 往

Wǒ zǒu le hǎo yuǎn zěn me hái zài nǐ shēn páng
我 走 了 好 远 怎 么 还 在 你 身 旁

Nǐ zài wǒ de xīn zhōng hái shi zuì měi de mú yàng
你 在 我 的 心 中 还 是 最 美 的 模 样

Wǒ yī rán guà niàn zhe nǐ de kuài lè bēi shāng
我 依 然 挂 念 着 你 的 快 乐 悲 伤

Nǐ zài wǒ de xīn zhōng xiàn zài hái shi xiàng qíng rén yí yàng
你 在 我 的 心 中 现 在 还 是 像 情 人 一 样

suī rán nǐ de wěn bú zài wēn nuǎn wǒ liǎn páng
虽 然 你 的 吻 不 再 温 暖 我 脸 庞

Dú zì jīng guò jiē jiǎo chú chuāng
独 自 经 过 街 角 橱 窗

Shēn biān quē shǎo nǐ de yǐng xiàng
身 边 缺 少 你 的 影 像

Wǒ de yōng bào xiǎng niàn nǐ de jiān bǎng
我 的 拥 抱 想 念 你 的 肩 膀

Dāng lǜ dēng liàng qǐ le wǒ méi yǒu fāng xiàng
当 绿 灯 亮 起 了 我 没 有 方 向

Nǐ zài wǒ de xīn zhōng hái shi zuì měi de mú yàng
你 在 我 的 心 中 还 是 最 美 的 模 样

Wǒ yī rán guà niàn zhe nǐ de kuài lè bēi shāng
我 依 然 挂 念 着 你 的 快 乐 悲 伤

Nǐ zài wǒ de xīn zhōng xiàn zài hái shi xiàng wǒ de qíng rén yí yàng
你 在 我 的 心 中 现 在 还 是 像 我 的 情 人 一 样

Wǒ zěn me kě néng bǎ nǐ yí wàng
我 怎 么 可 能 把 你 遗 忘

Nǐ zài wǒ de xīn zhōng cóng méi yǒu lí kāi wǒ
你 在 我 的 心 中 从 没 有 离 开 我

Nǐ shuō guò de wǒ ài nǐ hái zài ěr biān huí xiǎng
你 说 过 的 我 爱 你 还 在 耳 边 回 响

Nǐ shì zuì wǒ shēn ài de rén
你 是 我 最 深 爱 的 人

Bù guǎn nǐ lí kāi duō yuǎn dōu yí yàng
不 管 你 离 开 多 远 都 一 样

Jiù suàn nǐ bù néng péi bàn zài wǒ de shēn páng
就 算 你 不 能 陪 伴 在 我 的 身 旁

Wǒ mén què yī rán hái xiàng qíng rén yí yàng
我 们 却 依 然 还 像 情 人 一 样

여전히 연인 같이

저녁 내내 가로등이 밝게 비치고,
나의 사랑은 빛을 잃었어
네가 떠난 후, 세계의 낮은 짧고 밤은 길며
나의 행복은 이미 다시는 날이 밝지 않을 건 아닌지?
난 반대 방향으로 회상 하려해
그리움은 도망가려는데 너는 늘 따라와
나는 나를 데리고 모든 교제를 떠났어
나는 아주 멀리 갔지만 여전히 너의 곁에 있는지
여전히 가장 아름다운 모습으로 너는 내 마음속에 있어
나는 여전히 너의 기쁨과 슬픔을 그리워해
너는 아직도 여전히 내 마음속에 연인 같아
비록 너의 입술(키스)은
더 이상 나의 얼굴을 따뜻하게 하지 못할지라도
거리 모퉁이 쇼윈도를 홀로 지나가
내 곁에 너의 이미지가 부족하지만
나의 포옹은 너의 어깨를 그리워하고
녹색등이 켜졌지만 나는 방향을 잃었어
여전히 가장 아름다운 모습으로 너는 내 마음속에 있어
나는 여전히 너의 기쁨과 슬픔을 그리워해
너는 아직도 여전히 내 마음속에 연인 같아
내가 어떻게 너를 잊을 수가 있겠어
너는 지금까지 내 마음속에서 나를 떠난 적이 없어
네가 나를 사랑한다고 했던 말이
아직도 내 귓가에 메아리친다
당신은 내가 가장 사람 하는 사람
네가 얼마나 멀리 떨어져 있던지 마찬 가지야

설령 네가 나의 곁에 가까이 같이 할 수가 없더라도
우리들은 여전히 연인과 같아

신HSK에서 자주 등장하는 성어

画蛇添足 : 화사첨족, 뱀을 그리는데 다리를 그려 넣다.
⇒ 쓸데없는 짓을 하여 도리어 일을 잘못되게 하다.
유래 : 뱀을 빨리 그린 사람이 술을 먹기로 내기를 했는데 먼저 그린 사람이 뱀의 다리까지 그리는 바람에 결국 내기에 졌다.

새단어

街灯 [jiēdēng] : 가로등
照亮 [zhàoliàng] : 밝게 비치다
整个 [zhěnggè] : 내내, 전부의
光芒 [guāngmáng] : 빛
离开 [líkāi] : 떠나다
昼短夜长 [zhòuduǎnyècháng] : 낮은 짧고 밤은 길다
幸福 [xìngfú] : 행복
是否 [shìfǒu] : ~인가 아닌가?
天亮 [tiānliàng] : 날이 밝다
回忆 [huíyì] : 회상하다
反方向 [fǎnfāngxiàng] : 반대방향
总 [zǒng] : 늘
过往 [guòwǎng] : 왕래하다, 교제하다
身旁 [shēnpáng] : 가까이
依然 [yīrán] : 여전히
挂念 [guàniàn] : 근심하다, 염려하다, 걱정하다
悲伤 [bēishāng] : 슬퍼하다
吻 [wěn] : 키스
温暖 [wēnnuǎn] : 따뜻하다
脸庞 [liǎnpáng] : 얼굴
独自 [dúzì] : 홀로
街角 [jiējiǎo] : 거리 모퉁이
橱窗 [chúchuāng] : 쇼윈도
肩膀 [jiānbǎng] : 어깨
绿灯 [lǜdēng] : 녹색등

遗忘 [yíwàng] : 잊어버리다
回响 [huíxiǎng] : 메아리치다
陪伴 [péibàn] : 같이 있다, 동반하다

어법해석

的: '的'는 관형어를 구성하여 명사를 수식하며 '~의'의 의미이다. 문장형식은 '대명사 + 的 + 명사'의 형태이다.

我**的**幸福, 是否已不再天亮?
나의 행복, 이미 다시는 날이 밝지 않을 건 아닌지?

每当月底**的**时候钱花得差不多, 我的钱不多。
매번 월말이면 돈을 거의 다 써서 내 돈은 거의 없다.

韩国电影'小偷们'是一部很有意思**的**电影。
한국영화 '도둑들'은 아주 재미있는 영화이다.

这是我**的**老师今年写的英文书。
이것은 나의 선생님이 올해 쓰신 영어책이다.

还是: 문장 진행논리에 따라 크게 세 가지의 의미로 사용되는데 이전과 비교하여 현재의 상황이나 상태에 변함이 없이 예전의 모습 그대로를 유지하고 있음을 나타낼 때는 '여전히'의 뜻으로 쓴다.

你在我的心中, **还是**最美的模样。
당신은 내 마음속에, 여전히 가장 아름다운 모습으로 있어요.

你在我的心中, 现在**还是**像我的情人一样。
당신은 내 마음속에, 지금도 여전히 내 연인 같아요.

我好长时间没见到你, 你**还是**老样子, 没怎么变。
오랜 기간 동안 널 보지 못했더니 넌 여전하구나, 별로 안 변했네.

首尔**还是**老样子，过年的时候还是那么热闹。
서울은 아직도 옛 모습 그대로군요. 설을 쇨 때 여전히 떠들썩하군요.

想 : '想'은 '~하고 싶다'로 막연한 희망사항을 나타내며 그 문장형식은 '想 + 동사'이다. '想'은 조동사로 쓰일 때 '要'와는 달리 정도 부사의 수식을 받을 수 있다. '想' 뒤에 명사가 오면 '~을 그리워하다'의 의미이다.

思念**想**逃。
그리움은 도망가려해요.

他们**想**去中国学习中医。
그들은 중국에 중의 공부하러 가고 싶어 한다.

我很**想**休息一下。
나는 너무 쉬고 싶다.

你想不**想**喝咖啡？
커피 마시고 싶어요?

연습문제

01 다음 문장에서 괄호 안의 단어가 들어갈 위치를 선택하세요.

(1) (却) A我的 B爱情 C失去 D光芒

(2) (要) A我 B回忆 C走 D反方向

(3) (还) A我走了 B好远 C怎么 D你身旁

(4) (像) A你在我的 B心中 C现在还是 D情人一样

02 다음 단어를 순서대로 나열하여 문장을 만들어 보세요.

(1) 晚上 街灯 照亮 整个

(2) 你 离开后 夜长 世界 昼短

(3) 所有 我 带自己 离开 过往

(4) 你 在我的 心中 最美的 还是 模样

03 알맞은 단어로 문장을 완성해 봅시다.

(1) 虽然你的吻________温暖我脸庞

(2) ________绿灯亮起了我没有方向

(3) 你在我的心中从________离开我

(4) 你________我最深爱的人

04 중국가사를 우리말로 옮겨 보세요.

(1) 而我的幸福是否已不再天亮

(2) 思念想逃你却总跟上

(3) 我依然挂念着你的快乐悲伤

(4) 我的拥抱想念你的肩膀

苏永康 소영강

中 文 名： 苏永康
外 文 名： William So
别 名： 吖公
国 籍： 中国香港
出 生 地： 中国广东
出生日期： 1967年9月24日
职 业： 演员、歌手
身 高： 177cm
体 重： 66kg
血 型： O 型
星 座： 天秤座
籍 贯： 广东新会
学 历： 中学毕业
婚姻状况： 已婚
语 言： 粤、国、英、日语
家庭成员： 父母、二兄一姐
最喜爱的地方： 英国、日本
经纪公司： 百娱时代
代表作品： 《男人不该让女人流泪》《越吻越伤心》《爱一个人好难》
主要成就： 1985年第四届新秀歌唱大赛亚军、2011年十大中文金曲优秀流行歌手

苏永康(William So, 1967年9月24日—)，香港著名歌手，演员，祖籍广东新会。1985年参加第四届新秀歌唱大赛获得亚军，签约华星唱片。1989年推出首张个人专辑《失眠》，取得了一定的成绩，但之后歌唱事业出现停滞不前。1998年苏永康参演无线电视剧集《妙手仁心》，饰演医生，并主唱剧集插曲《越吻越伤心》，为他带来人气，并在当年的乐坛颁奖礼取得奖项。

중 문 명 : 소영강
외 국 명 : William So
별 명 : 吖公
국 적 : 중국 홍콩
출 생 지 : 중국 광동
생년월일 : 1967년9월24일
직 업 : 연기자, 가수
키 : 177cm
몸 무 게 : 66kg
혈 액 형 : O 형
별 자 리 : 천칭자리
본 적 : 광동성 신회
학 력 : 고등학교 졸업
혼인관계 : 이혼
언 어 : 광동어, 중국어, 영어, 일어
가족관계 : 부모, 두명의 형과 한명의 누나
가장 좋아하는 나라 : 영국, 일본
중개회사 : 百娱时代
대표작품 : 《男人不该让女人流泪》《越吻越伤心》《爱一个人好难》등
주요성과 : 1985년 제4회 홍콩 신수 가창대회 은상
2011년10대 중문 인기가요 우수 유행 가수

소영강(William So, 1967년 9월 24일생), 홍콩 유명 가수, 연기자, 본적은 광동 신회이다. 1985년 참가한 제4회 홍콩 신수 가창대회 은상으로 화성 레코드사와 계약했다. 1989년 내놓은 첫 개인 앨범《失眠》이 충분한 성적을 얻었지만 그 후 노래 사업이 정체되어 앞으로 나가지 못하는 현상이 나타났다. 1998년 소영강은 무선 드라마《妙手仁心》에서 의사역을 맡았고 드라마 삽입곡《越吻越伤心》을 불렀으며 이로 인해 인기를 얻었으며 그리고 그 해 음악계 부분에 상을 받았다.

소영강은 홍콩 최고의 가요제인 신수가참대회 출신이지만 데뷔 이후 10년이 지나서야 인기를 얻었고, 인기의 절정에 있을 때 사건사고가 발생하는 등 기복이 많은 가수 생활을 해왔다. 깊고 섬세한 호소력 있는 목소리로 투박하지만 귓가에 오래 남는 곡들로 사랑을 받고 있다. 대표곡으로는《越吻越伤心》《爱一个人好难》《男人不该让女人流泪》등이 있다.《还像情人一样》이 곡은 한국의 여가수 왁스의 "부탁해요"를 번안해서 부른 곡이다.《星语星愿》이 영화는 1999년 임현제와 장백지가 연기한 영화이고 소영강이 의사로 출연하며 장백지라는 간호사를 사이에 두고 임현제와 경쟁하듯 열연한다.

16. 爱到梦醒后 - 姜育恒
옛사랑 - 이문세

Rén sàn jìn yè yǐ shēn huǎng rú gé shì de rén shēng
人 散 尽 夜 已 深 恍 如 隔 世 的 人 生

Yí gè rén bào zhe qín xiǎng bō nong xiē yú wēn
一 个 人 抱 着 琴 想 拨 弄 些 余 温

Cóng ài zǒu dào xīn tòng bù néng wán chéng de yuán fèn
从 爱 走 到 心 痛 不 能 完 成 的 缘 分

Wǒ kū le yòu rú hé bù shě ràng nǐ huǐ hèn
我 哭 了 又 如 何 不 舍 让 你 悔 恨

Chàng gē de zhǎng shēng shòu jìn ēn chǒng de xīng fèn
唱 歌 的 掌 声 受 尽 恩 宠 的 兴 奋

Bèi ài shí nǎ néng dǒng zhēn xī cái néng yǒng héng
被 爱 时 哪 能 懂 珍 惜 才 能 永 恒

Shī qù de dāng xià miàn duì shì jiè de xuān huá
失 去 的 当 下 面 对 世 界 的 喧 哗

Xiǎng rèn cuò xiǎng dài jià pà zài méi yǒu tiān yá
想 认 错 想 代 价 怕 再 没 有 天 涯

Ài wǒ néng fǒu zài ài wǒ bié lí yǐ tài duō
爱 我 能 否 再 爱 我 别 离 已 太 多

Lián xiāng chóu yě piàn wǒ ài wǒ huàn shuí lái ài wǒ
连 乡 愁 也 骗 我 爱 我 换 谁 来 爱 我

Huí yì dōu shī shēng gěng yè dào mèng xǐng hòu
回 忆 都 失 声 哽 咽 到 梦 醒 后

Běi fēng de hū yìng fǎng fú chí lái de zhǎng shēng
北 风 的 呼 应 彷 佛 迟 来 的 掌 声

Fēn shǒu hòu zài chóng féng duō shǎo rěn nài jī dòng
分手后再重逢多少忍耐激动
Rén biàn shì yě fēi huǎng rú gé shì de rén shēng
人变事也非恍如隔世的人生
Zài huí shǒu bú zài liú lèi dàn qiú bú zuì bù guī
再回首不再流泪但求不醉不归

꿈에서 깨어난 후에도 사랑해요

사람은 이미 깊은 밤이 되어 흩어지고,
마치 딴 세상 같은 인생
한 사람이 거문고를 안고, 남은 온기를 만지려고 해
사랑은 마음을 아프게 하고, 이루어질 수 없는 인연에
내가 어떻게 울어서 네가 뼈저리게 뉘우치는 게 하겠니
노래의 박수소리, 총애의 흥분을 진저리 날 정도로 받았어
사랑할 때 어떻게 귀하게 아껴야만 영원할 수 있음을 알겠어
잃어버린 지금, 세계의 떠들썩함에 마주하며
잘못을 인정하고 대가를 생각하지만
다시 세상이 없을까봐 두려워
사랑해줘요 다시 사랑해 줄 수 있을지, 헤어짐은 이미 많은데
기억이 모두 사라지고, 꿈이 깬 후에도 오열하며
북풍의 호응도 마치 더딘 박수소리 같네
헤어진 뒤 다시 만나면 얼마나 격한 감정을 인내할지
사람이 변하는 일도 딴 세상의 인생은 아니야
다시 회상하고 다시 눈물은 흘리지 않지만
취하지 않으면 돌아가지 않기를 바랄 뿐이야

신HSK에서 자주 등장하는 성어

画龙点睛 : 화룡점정, 용을 그리고 마지막으로 눈동자에 점을 찍다

⇒ 가장 중요한 부분을 완성하다

유래 : 양나라 화가 장승요가 절의 벽에 용을 네 마리 그리면서 "눈동자를 그리면 용이 날아가 버릴 것이다"라는 이유로 눈동자를 그리지 않았는데 사람들의 성화에 두 마리 용의 눈에 눈동자를 그려 넣자 그들이 바로 하늘로 날아가 버렸다.

闻鸡起舞 : 문무기무, 한밤중에 닭 우는 소리를 듣고 일어나서 무예를 연마하다

⇒ 큰 뜻을 품은 사람은 기회가 오면 있는 힘을 다해 분발 한다

유래 : 동진 때 조적(祖逖)과 그의 친구 유곤(刘琨)은 한밤에 닭 우는 소리가 들리면 바로 일어나서 무예를 연마하였다.

새단어

散 [sàn] : 흩어지다
尽 [jìn] : 다 없어지다, 다하다, 끝나다
恍如 [huǎngrú] : 마치 …인 것 같다
隔世 [géshì] : 딴 세상
琴 [qín] : 거문고
拨弄 [bōnong] : (손·발·막대기 등으로) 헤집다, 뒤적이다, 쑤시다, 튀기다, 만지작거리다
余温 [yúwēn] : 남은 온기
缘分 [yuánfèn] : 인연
如何 [rúhé] : 어떻게
不舍 [bùshě] : 아까워하다, 아쉬워하다, 연연해하다
掌声 [zhǎngshēng] : 박수소리
恩宠 [ēnchǒng] : 총애
兴奋 [xīngfèn] : 흥분
珍惜 [zhēnxī] : 귀하게 아끼다
永恒 [yǒnghéng] : 영원하다
当下 [dāngxià] : 지금
面对 [miànduì] : 마주하다
喧哗 [xuānhuá] : 떠들썩하다
代价 [dàijià] : 대가
天涯 [tiānyá] : 아득히 먼 곳
骗 [piàn] : 속이다

回忆 [huíyì] : 기억
失声 [shīshēng] : (너무 비통하여) 목이 메다
哽咽 [gěngyè] : 오열하다
醒 [xǐng] : 깨다
北风 [běifēng] : 북풍
呼应 [hūyìng] : 호응하다
彷佛 [fǎngfú] : 마치 ~인 것 같다
重逢 [chóngféng] : 다시 만나다
忍耐 [rěnnài] : 인내하다
激动 [jīdòng] : 감동시키다, 감격시키다
恍 [huǎng] : 모호하다, 희미하다, 어렴풋하다, 흐릿하다

어법해석

从 : '从'은 '~으로, 에 의하면'의 의미로 말하고자 하는 내용의 근거나 출처를 나타낸다. '从' 뒤에는 주로 명사나 명사구가 오게 되며, '可以', '就' 등과 호응하여 쓰인다.

世界**从**此就开始分离。
세계는 지금부터 분리하기 시작했어요.

从妈妈说的话, 可以知道妈妈在后悔。
엄마 하시는 말씀으로, 후회하고 계심을 알 수 있었다.

从脚步声就听出那是我妹妹。
발걸음 소리로 여동생인줄 알았다.

爱情是**从**告白开始的。
사랑은 고백으로부터 시작된다.

连~也 : '连~也'는 '~(조차)도, ~하다'라는 의미이고 말하고자 하는 내용을 강조할 때 쓰인다. '连' 뒤에는 최소한의 조건이나 범위를 나타내는 명사나 명사구가 오고, '~也' 뒤에는 말하고자 하는 내용이 놓인다. '连~都', '连~还'의 형태로도 쓰인다.

连乡愁**也**骗我。

향수조차도 나를 속였어요.

这些道理**连**孩子**也**知道，你却不知道。

이러한 도리는 아이들도 알고 있는데 당신은 어찌 모르십니까?

我忙得**连**饭**也**没有吃呢。

나는 바빠서 밥도 못 먹었어요.

你敢打我呀？**连**我爸爸**也**没有打过我呢。

감히 날 때리실려구요? 우리 아빠도 날 때린 적이 없는데요.

再: '再'는 '다시~하다'의 의미이고 아직 반복이 실현되지 않고 기대하는 상황에 앞으로 일어날 일에 쓰인다.

怕**再**没有天涯。

다시 세상이 없을까 봐 두려워요.

爱我能否**再**爱我。

사랑해줘요 다시 사랑해 줄 수 있을까요.

再听一听吧。

다시 들으세요.

明天我**再**跟你说吧。

내일 내가 다시 너에게 말할게.

연습문제

01 다음 문장에서 괄호 안의 단어가 들어갈 위치를 선택하세요.

(1) (想) A一个人 B抱着琴 C拨弄些 D余温

(2) (掌声) A唱歌的 B受尽 C恩宠的 D兴奋

(3) (能否) A爱我 B再爱我 C别离 D已太多

(4) (连) A乡愁 B也骗我 C爱我 D换谁来爱我

02 다음 단어를 순서대로 나열하여 문장을 만들어 보세요.

(1) 从爱 走到 心痛 不能 完成的 缘分

(2) 我哭了 又如何 不舍 悔恨 让你

(3) 世界的 失去的 当下 面对 喧哗

(4) 回忆 到 都失声 哽咽 梦醒后

03 우리말을 중국가사로 옮겨 보세요.

(1) 다시 회상하고 다시 눈물은 흘리지 않는다.

(2) 꿈에서 깨어난 후에도 사랑한다.

(3) 하지만 취하지 않으면 돌아가지 않기를 바랄 뿐이다.

(4) 사랑해줘요 다시 사랑해 줄 수 있을지, 헤어짐은 이미 많아요.

04 중국가사를 우리말로 옮겨 보세요.

(1) 人散尽夜已深恍如隔世的人生

(2) 想认错想代价怕再没有天涯

(3) 被爱时哪能懂珍惜才能永恒

(4) 北风的呼应彷佛迟来的掌声

姜育恒 강육항

姜育恒忧郁的性格并不是天生的。这与他的成长经历有很大关系。从高中起就需要赚钱养活自己。曾经去过韩国的很多城市，不是为了玩儿，而是利用寒暑假四处挣钱。在餐厅里做过，在建筑工地做过，卖过皮鞋油。跟同学两人一组，一个去拉客，另一个人看到鞋就擦。一下雨了又开始卖伞。姜育恒回想当年感慨万千，觉得那是金钱都买不到的经历。

22年前，姜育恒孤身从首尔赴中国台湾发展，一首《再回首》红透半边天，《一世情缘》，《再回首》，《跟往事干杯》等多首歌曲脍炙人口，然而之后他投资做生意失败，负债累累，个性忧郁的他再次走上歌坛。本月10日，他将在北京举行他的"二十年经典再回首个人演唱会"。这是他的第一个内地个人演唱会。

2004-2007年间，姜育恒在中国大陆、东南亚、东北亚、美国等地举办个人巡回演唱会，深受各媒体的赞赏及歌迷的喜爱。经过相当长一段时间的蛰伏，姜育恒在2003年5月又推出了翻唱为主的《姜育恒的刘家昌之歌》。这两张专辑采用现场录音的手法，让听众充分感受到演唱会的现场效果，同时也体现出姜育恒扎实的唱工。并于同年在台湾成功的举办个人演唱会！

2004-2010年间，也于中国大陆、东南亚、东北亚、美国，举办个人巡回演唱会，深受各媒体的赞赏及歌迷的喜爱！2011年间，加盟百娱国际文化传媒有限公司，投身拓展大陆演出市场，力争两岸演出市场双丰收

강육항의 우울한 성격은 결코 천성은 아니다. 이것은 그의 성장 과정과 많은 관계가 있다. 고등학교부터 돈이 필요해서 스스로 돈을 벌어왔다. 일찍이 한국의 많은 도시를 가봤지만 놀러 간 것이 아니라 여름, 겨울 방학에 여러 곳을 다니며 돈을 벌었다. 음식점에서도 일을 했고 건설 공사장에서도 일을 했으며 구두약도 팔아봤다. 급우와 함께 2인 1조가 되어 하나는 손님을 데리고 오고 다른 한 사람은 구두를 닦았다. 비가 오면 우산을 팔았다. 강육항은 옛날을 회상하면 그 때가 감개가 무량하고 또 돈으로도 살 수 없는 귀중한 경험이라고 생각했다.

22년전, 강육항은 단신으로 서울에서 대만으로 향했다. 이《再回首》곡의 인기가 높이 치솟아서《一世情缘》,《再回首》,《跟往事干杯》등 여러 곡이 훌륭하여 사람들의 입에 오르내리기 시작했지만, 사업에 투자하여 실패해서 빚이 산더미처럼 쌓였고 다시 음악을 하게 되었다. 그 달 10일, 그는 북경에서 "20년 인기가요 회고하는 개인 콘서트"를 거행했다. 이것은 그의 첫 번째 내륙에서의 개인 콘서트였다. 강육항의《爱到梦醒后》는 한국 남자가수 이문세 노래인 "옛사랑"을 리메이크한 곡으로 우울왕자에 걸맞게 분위기 있게 부른 노래다.

2000년도 개인 앨범에는 이문세 노래인 "그녀의 웃음소리 뿐"과 녹색지대 노래인 "사랑을 할 거야"를 2000년 2월 1일, 2000년 11월 1일에《女人的选择》,《爱我你怕了吗》를 각각 리메이크 한 노래를 발표하였다. 이 외에도 박상민의 노래인 "무기여 잘 있거라"《第五次恋爱》도 리메이크해서 부른 곡이다.

2004-2007년 사이에 강육항은 중국 대륙, 동남아, 동북아, 미국 등지에서 개인 순회 콘서트를 열었고 각 매체의 칭찬 및 팬들의 사랑을 많이 받았다. 오랜 시간 동안의 칩거를 거쳐, 강육항은 2003년 5월에 리바이벌 위주의《姜育恒的刘家昌之歌》를 출시했다. 이 두 장의 개인 앨범은 현장 녹음 방법을 도입하여 청취자로 하여금 콘서트의 현장 효과를 충분히 느낄 수 있도록 했고 동시에 강육항은 확실한 노래 솜씨를 나타냈다. 같은 해에 대만에서 성공적으로 개인 콘서트를 열었다.

2004-2010년 사이에 중국 대륙, 동남아, 동북아, 미국에서 개인 순회 콘서트를 열었고 각 매체의 칭찬 및 팬들의 사랑을 많이 받았다. 2011년에는 "加盟百娱国际文化传媒有限公司"에서 헌신해서 대륙 공연 시장을 확장하고 중국 대륙과 대만 공연 시장에서 노력을 아끼지 않아 좋은 성적을 거뒀다.

17. 永远 - 辛晓琪
Never Again - 이수영

Wǒ yǐ wéi zhè ge yàng zi néng huí dào yǐ qián
我以为这个样子能回到以前

Cóng yì kāi shǐ yí bù yí bù guò dào zhè yì tiān
从一开始一步一步过到这一天

Wǒ yǐ wéi zì jǐ kě yǐ jiǎn xià zhè yí qiè
我以为自己可以剪下这一切

Dì zhuàn tiān xuán yí yè yí yè shī zōng de shí jiān
地转天旋一页一页失踪的时间

Yì fēng qíng shū yì chǎng tòng kū qìng xìng hái yǒu wán gù
一封情书一场痛哭庆幸还有顽固

Yuán lái yǒu guò de wēn dù hòu lái zǒu dào zhè yí bù
原来有过的温度后来走到这一步

Wǒ men dōu xīn kǔ
我们都辛苦

Wǒ cái bù guǎn lèi shuǐ yǒu duō xián shéi yě kàn bú jiàn
我才不管泪水有多咸谁也看不见

Wǒ cái bù shuō huí yì yǒu duō tián shéi yě tīng bú jiàn
我才不说回忆有多甜谁也听不见

Ài qíng de bèi miàn yí piàn chén mò de shì jiè
爱情的背面一片沉默的世界

Zǒu le tài yuǎn dōu méi lì qi qù hòu huǐ
走了太远都没力气去后悔

Bù gāi shuō de měi jù huà wàng le shuì de měi yì tiān
不该说的每句话忘了睡的每一天

Wǒ men zhī jiān yīn wèi zhǐ chā zhè yì tiān dào bu liǎo yǒng yuǎn
我 们 之 间 因 为 只 差 这 一 天 到 不 了 永 远

Yì fēng qíng shū yì chǎng tòng kū qìng xìng hái yǒu wán gù
一 封 情 书 一 场 痛 哭 庆 幸 还 有 顽 固

Yuán lái yǒu guò de wēn dù hòu lái zǒu dào zhè yí bù
原 来 有 过 的 温 度 后 来 走 到 这 一 步

Wǒ men dōu zài hu
我 们 都 在 乎

Wǒ cái bù guǎn lèi shuǐ yǒu duō xián shéi yě kàn bú jiàn
我 才 不 管 泪 水 有 多 咸 谁 也 看 不 见

Wǒ cái bù shuō huí yì yǒu duō tián shéi yě tīng bú jiàn
我 才 不 说 回 忆 有 多 甜 谁 也 听 不 见

Ài qíng de bèi miàn yí piàn chén mò de shì jiè
爱 情 的 背 面 一 片 沉 默 的 世 界

Zǒu le tài yuǎn dōu méi lì qi qù hòu huǐ
走 了 太 远 都 没 力 气 去 后 悔

Bù gāi shuō de měi jù huà wàng le shuì de měi yì tiān
不 该 说 的 每 句 话 忘 了 睡 的 每 一 天

Wǒ men zhī jiān zhǐ yǒu jì yì zhí dáo yǒng yuǎn
我 们 之 间 只 有 记 忆 直 到 永 远

Dào bu liǎo yǒng yuǎn zài wǒ men zhī jiān
到 不 了 永 远 在 我 们 之 间

Zǒu le tài yuǎn dōu méi lì qi qù hòu huǐ
走 了 太 远 都 没 力 气 去 后 悔

Bù gāi shuō de měi jù huà wàng le shuì de měi yì tiān
不 该 说 的 每 句 话 忘 了 睡 的 每 一 天

Wǒ men zhī jiān yīn wèi zhǐ chā zhè me yì tiān ài qíng dào bu liǎo yǒng yuǎn
我 们 之 间 因 为 只 差 这 么 一 天 爱 情 到 不 了 永 远

Hey...

Dào bu liǎo yǒng yuǎn
到 不 了 永 远 ...

Dào bu liǎo yǒng yuǎn
到 不 了 永 远 ...

Dào bu liǎo yǒng yuǎn
到 不 了 永 远

Wooh...

영원

나는 이런 모습도 이전으로 돌아갈 수 있을 거라 생각했어요
처음 시작 된 이후로 한 걸음 한 걸음 오늘까지 이르렀죠
스스로 이 모든 것을 지울 수 있다고 생각했어
하루 또 하루, 돌고 도는 세월 속에 잃어버린 시간들
편지 한 장에 한바탕 눈물을 흘리기도 했지만
다행이도 아직까진 애써 버티고 있어요
처음부터 지나치게 뜨거웠고,
결국 이 지경까지 이르게 되고 말았으니
우린 서로를 너무 힘들게 했어요
이젠 눈물이 아무리 짜다해도 상관하지 않아요
아무도 볼 수 없을 테니까요
이젠 추억이 그 얼마나 달콤했는지 말하지 않을 거예요
누구도 듣지 않을 테니까요
사랑의 그 뒷모습은 침묵으로 가득한 세상이에요
너무나 멀리 왔기에, 후회할 여력조차 남아있지 않아요
말하지 말아야 했던 모든 말들,

잠을 이루지 못했던 그 모든 날들
우리들 사이는 다만 그 날 하루의 잘못으로
영원에 이르지 못하게 되고 말았어요
편지 한 장에 실컷 눈물을 흘리기도 했지만
다행이도 아직까진 애써 버티고 있어요
처음부터 지나치게 뜨거웠고,
결국 이 지경까지 이르게 되고 말았으니
우린 서로를 너무 걱정하게 만들었어요
이젠 눈물이 아무리 짜다 해도
상관하지 않아요 아무도 볼 수 없을 테니까요
이젠 추억이 그 얼마나 달콤했는지 말하지 않을 거예요
누구도 듣지 않을 테니까요
사랑의 그 뒷모습은 침묵으로 가득한 세상이에요
너무나 멀리 왔기에, 후회할 여력조차 남아있지 않아요
말하지 말아야 했던 모든 말들,
잠을 이루지 못했던 그 모든 날들
우리들 사이는 다만 그 날 하루의 잘못으로
영원에 이르지 못하게 되고 말았어요,
우리들의 사이는 이제...
너무나 멀리 왔기에, 후회할 여력조차 남아있지 않아요
말하지 말아야 했던 모든 말들,
잠을 이루지 못했던 그 모든 날들
우리 사이에 결국 이렇게 하루의 잘못으로
사랑은 영원에 이르지 못하게 되고 말았어요 Hey...
영원할 수 없어, 영원할 수 없어, 영원할 수 없어 Wooh..

새단어

剪 [jiǎn] : 자르다
地转天旋 [dìzhuàntiānxuán] : 하늘과 땅이 빙빙 돌다
失踪 [shīzōng] : 실종되다
情书 [qíngshū] : 연애편지
庆幸 [qìngxìng] : 축하하다
顽固 [wángù] : 고집
温度 [wēndù] : 온도
辛苦 [xīnkǔ] : 고생하다
不管 [bùguǎn] : …을 막론하고. …에 관계없이
泪水 [lèishuǐ] : 눈물
咸 [xián] : 짜다
回忆 [huíyì] : 기억
背面 [bèimiàn] : 뒷면
沉默 [chénmò] : 침묵
力气 [lìqi] : 힘

어법해석

能 : '能'은 상황이 허락되거나 어떤 내재적인 능력을 갖추고 있어서 '~할 수 있다, 할 줄 안다, 할 힘이 있다'를 나타낸다. 또한 이러한 표현으로 '能'이 있는데 '能'은 객관적인 환경이나 조건상의 '허락, 동의'의 뜻을 나타낼 수 있다. 문장형식은 '能 + 동사' 이다.

我以为这个样子**能**回到以前。
나는 이런 모습도 이전으로 돌아갈 수 있을 거라 생각했어요.

电脑坏了, 你**能**修好吗?
컴퓨터가 고장 났어요, 고칠 수 있어요?

我爸爸**能**听懂日本人说的话。
우리 아빠는 일본인이 하는 말을 알아들을 수 있다.

她**能**喝三瓶烧酒。
그녀는 소주 3병을 마실 수 있다.

原来 : '原来'는 '이전에, 당초, 처음에, 원래, 본래'의 의미이다. 부사로 쓰여서 일의 진실된 상황을 파악했다는 뜻이다. 즉 바뀌거나 변화하기 이전의 상황, 이미 일어난 일의 실제 상황을 나타낸다.

原来有过的温度后来走到这一步。
처음부터 지나치게 뜨거웠고, 결국 이 지경까지 이르게 되고 말았어요.

他**原来**也学过医, 但现在改行了。
그는 애초에 의학을 공부하였지만, 지금은 직업을 바꾸었다.

我才明白**原来**是这么回事啊！
원래 이랬구나 난 이제 알았네!

嚄, 找了半天, **原来**你在这儿呀！
헉, 한참 찾았는데 너 원래 여기 있었구나!

才 : '才'는 '~에야 비로소, 겨우'의 의미이고 문장에서 '才+(不)+동사+呢'의 형식이다. 단호하고 확정적인 어기를 나타내는데, 이런 용법은 주로 부정문에 많이 쓰인다.

我**才**不管泪水有多咸谁也看不见。
나는 눈물이 아무리 짜다 해도 상관하지 않아요 아무도 볼 수 없을 테니까요.

我**才**不说回忆有多甜谁也听不见。
나는 추억이 얼마나 달콤했는지 말하지 않을 거예요 누구도 듣지 않을 테니까요.

我**才**不在乎那个女人呢。
그 여자 따윈 전혀 관심 없어.

除非他也去, 不然我**才**不去呢。
그가 가지 않는 한, 난 절대로 안 갈 거야.

我**才**不讨厌你呢, 我很喜欢你呀。
난 전혀 널 싫어하지 않아 난 널 좋아 한단다.

연습문제

01 다음 문장에서 괄호 안의 단어가 들어갈 위치를 선택하세요.

(1) (以为) A我 B这个样子 C能 D回到以前

(2) (一页) A地转天旋 B一页 C失踪的 D时间

(3) (原来) A有过的 B温度 C后来 D这一步

(4) (才不说) A我 B回忆 C有多甜 D谁也听不见

02 다음 단어를 순서대로 나열하여 문장을 만들어 보세요.

(1) 从 一开始 这一天 一步一步 过到

(2) 辛苦 我们 都

(3) 爱情的 背面 沉默的 世界 一片

(4) 走了 太远 都 后悔 没 力气 去

03 중국가사를 우리말로 옮겨 보세요.

(1) 我以为自己可以剪下这一切

(2) 一封情书一场痛哭庆幸还有顽固

(3) 我才不管泪水有多咸谁也看不见

(4) 我们之间因为只差这一天到不了永远

辛晓琪 신효기

1995年辛晓琪也担任美国WaltDisney年度电影“Pocahontas–风中奇缘”中文版电影女主角之配音工作(男主角配音为刘德华)并演唱该电影国际中文版主题曲《风之彩》及所有插曲。辛晓琪也应大风音乐剧场之邀于2003年9月11–14日演出音乐剧《梁祝》并担任其剧女主角“祝英台”，于台北国家剧院举行6场世界首演。该音乐剧也入围2004年金曲奖“最佳跨界音乐专辑”奖。

2006年加盟华纳唱片，2007年发行个人第16张国语专辑“爱的回答”。除了发行个人专辑，辛晓琪也演唱过已故大师黄沾不少著名影视主题曲及插曲，例如成龙主演的“醉拳2”主题曲 “熄缘”、“不见别的心”、香港电影 “青蛇”主题曲“莫呼洛迦”、“人生如此”、香港电影“仙鹤神针” 主题曲“傲”等等。

辛晓琪分别于2006年及2008年在台北与马来西亚举行个人售票演唱会“辛晓琪承诺演唱会”；也在2009年12月18日举行在内地的首场个人售票演唱会 “辛晓琪爱的味道上海演唱会”以及2010年8月21日在四川成都体育馆举行售票演唱会。

辛晓琪于2011年12月展开个人首次在内地的个人巡回演唱会，首站2011年12月18日与北京举行、其他另17场将于2012年1月与2012年5月分别在常州、张家港、泰州、马鞍山、合肥、温州、丽水、武汉、深圳、东莞、惠州、郑州、重庆、呼和浩特、烟台、青岛、无锡等城市举行。辛晓琪也将于2012年6月8日推出个人全新专辑《遇见快乐》。

1995년 신효기는 미국 월트 디즈니 영화 "Pocahontas-风中奇缘" 중국어 더빙 영화의 여자 주인공으로 더빙 작업을 했고(남자 주인공은 유덕화가 했다) 국제 영화 중문판 주제곡 《风之彩》 및 모든 삽입곡에 참여했다. 신효기도 대풍 음악 극장에 초청되어 2003년 9월 11일~14일까지 뮤지컬 《梁祝》을 공연했고 그 극에서 여자 주인공 "祝英台"를 맡아서 "台北国家剧院"에서 세계 최초로 여섯 번을 공연했다. 뮤지컬에서는 2004년 인기 가요상인 "최고 한계를 뛰어넘는 음악 개인 앨범"상에 선발됐다.

2006년 华纳레코드사에 들어갔고, 2007년 제16집 중국어 개인 앨범 "爱的回答"을 발행했다. 발행한 개인 앨범 외에 이미 고인이 된 "大师黄沾"과 같은 적지 않은 유명한 영화와 텔레비전 주제곡 및 삽입곡을 불렀다. 예를 들면 성용 주연의 "취권2" 주제곡 "熄缘", "不见别的心"과 홍콩 영화 "青蛇" 주제곡 "莫呼洛迦", "人生如此"와 홍콩 영화 "仙鹤神针" 주제곡 "傲" 등을 불렀다.

신효기는 2006년 및 2008년에 타이베이와 말레이시아에서 개인 콘서트 "辛晓琪承诺演唱会"를 열었다. 2009년 12월 18일 중국 내륙의 수도 개인 콘서트 "辛晓琪爱的味道上海演唱会"를 열었고 2010년 8월 21일 사천성 성도 체육관에서 콘서트를 열었다. 신효기는 2011년 12월 개인으로는 처음 중국 내륙의 개인 순회 콘서트를 열었으며, 2011년 12월 18일 북경에서 처음 열었고 기타 17곳을 2012년 1월과 2012년 5월에 각각 "常州、张家港、泰州、马鞍山、合肥､温州、丽水、武汉、深圳、东莞、惠州、郑州、重庆、呼和浩特、烟台、青岛、无锡" 등 도시에서 열었다.

신효기는 2012년 6월 8일 참신한 개인 앨범 《遇见快乐》을 발표했다. 신효기의 "영원"이라는 곡은 한국 여가수 이수영의 "Never Again"을 리메이크한 곡으로 신효기가 2001년 11월 개인 앨범을 발표하였고, 대만에서 최고의 히트로 각종 음악 차트 1위를 휩쓸었다. 이 외에도 임재범의 "사랑보다 깊은 상처"와 양파의 "addio", 가을동화 주제곡으로 유명한 정일영의 "기도", 《这么多年》, 《幸福背后》, 《童话》를 각각 리메이크 한 것으로 유명하다. 하지만 "영원" 만큼이나 인기를 누리지는 못했다.

18. 女人的选择 - 姜育恒
그녀의 웃음소리뿐 - 이문세

Yǎn lèi chà diǎn fān zhuì wǒ yòng jiǔ bēi fáng wèi
眼 泪 差 点 翻 坠 我 用 酒 杯 防 卫

Gān diào zhè yì bēi wǒ hé nǐ jīn shēng wú jiāo jiè
干 掉 这 一 杯 我 和 你 今 生 无 交 界

Bǎi chū nǐ de jiān jué wǒ shuō shén me dōu láng bèi
摆 出 你 的 坚 决 我 说 什 么 都 狼 狈

Fàng diào zhè yí qiè wǒ shì luò yè
放 掉 这 一 切 我 是 落 叶

Nǐ de yǎn zěn huì kàn jiàn wǒ xīn suì
你 的 眼 怎 会 看 见 我 心 碎

Zhè nǚ rén péi wǒ dù guò duō shǎo yè
这 女 人 陪 我 度 过 多 少 夜

Yě xǔ wǒ céng jīng bèi qì nǐ tuō guǐ
也 许 我 曾 经 背 弃 你 脱 轨

Nǐ zěn me cì wǒ wéi yī sǐ zuì
你 怎 么 赐 我 唯 一 死 罪

Quán shì jiè shéi huì zài hu wǒ xīn suì
全 世 界 谁 会 在 乎 我 心 碎

Nán dào nǐ méi yǒu yì sī gǎn jué
难 道 你 没 有 一 丝 感 觉

Nǚ rén de xuǎn zé wán měi yòu jué duì
女 人 的 选 择 完 美 又 绝 对

Nán dào yào wǒ xiàng nǐ xià guì
难 道 要 我 向 你 下 跪

Nǐ de lěng jìng tài lěng wǒ de tòng xīn tài tòng
你的冷静太冷我的痛心太痛
Jiù zài zhè yí yè wǒ hé nǐ yuán fèn yǐ dòng jié
就在这一夜我和你缘份已冻结
Liǎng qiān liǎng bǎi líng yí yè wǒ zhǐ qiú yí gè liào jiě
两千两百零一夜我只求一个瞭解
Nǐ què bù chéng rèn nǐ yǐ ài shéi
你却不承认你已爱谁
Nǚ rén de xuǎn zé wú qíng yòu wú huǐ
女人的选择无情又无悔
Wǒ yīng gāi ná shén me wǎn huí
我应该拿什么挽回

여자의 선택

눈물은 고이네 나는 술로 스스로를 이겨 보려고 해
이술을 다 마시면 나와 너는 현세에서는 맞닿은 곳이 없어
너의 단호함을 꺼내어 늘어놓고
내가 무엇을 말하든 모두 궁지에 빠져 있어
이 모든 것을 놓아주고 나는 낙엽이야
너의 눈 내 마음이 많이 아픈 것을 어떻게 보이겠어
이 여인은 나와 함께 며칠 밤을 보냈고
아마도 나는 일찍이 어기고 탈선 했나 봐
너는 어떻게 나에게 유일한 죽을죄를 주고
전 세계 누가 내 마음이 아픈 것을 마음에 두겠는가
설마 너는 조금의 느낌도 없단 말인가
여자의 선택은 완벽하고도 절대적이야

설마 내가 너를 향해 무릎 꿇는 것을 원하는가
너의 냉정함은 너무 춥고 나의 아픔 마음은 너무 아프고
이 밤에 나와 너의 인연은 이미 얼어 버렸고
이천 이백 일일 밤 나는 단지 하나만 이해해주길 바래
너는 오히려 네가 이미 누구를
사랑하는 지를 인정하지 않고
여자의 선택은 무정하고 후회도 없어
나는 무엇으로 만회해야만 하나요

신HSK에서 자주 등장하는 격언

沉默是金 : 침묵은 금이다.
⇒ 함부로 말하지 말고 신중해야 한다.

时间就是金钱 : 시간이 금이다.
⇒ 시간의 중요성을 강조한다.

一寸光阴一寸金 : 한 치의 시간은 금 한 치만큼 가치가 있다.
⇒ 시간의 중요성을 강조한다.

寸金难买寸光阴 : 금 한 치로 한 치의 시간을 살 수는 없다. 시간은 돈으로 살 수 없다.
⇒ 시간의 중요성을 강조한다.

새단어

翻 [fān] : 뒤집다
坠 [zhuì] : 아래로 늘어지다
防卫 [fángwèi] : 방어하다
今生 [jīnshēng] : 현세
无交界 [wújiāojiè] : 맞닿은 곳
摆 [bǎi] : 늘어놓다
坚决 [jiānjué] : 단호하다
狼狈 [lángbèi] : 궁지에 빠지다, 난처하다

落叶 [luòyè] : 낙엽
心碎 [xīnsuì] : 마음이 많이 아프다
度 [dù] : 보내다
背弃 [bèiqì] : 어기다
脱轨 [tuōguǐ] : 궤도
赐 [cì] : 주다
死罪 [sǐzuì] : 죽을죄
难道 [nándào] : 설마 ~란 말인가
完美 [wánměi] : 완벽하다
下跪 [xiàguì] : 무릎꿇다
冷静 [lěng jìng] : 냉정하다
缘份 [yuánfèn] : 인연
冻结 [dòngjié] : 얼어버리다
选择 [xuǎnzé] : 선택하다
无情 [wúqíng] : 무정
无悔 [wúhuǐ] : 후회없다
挽回 [wǎnhuí] : 만회하다

어법해석

什么都 : '什么'는 '어떤, 무엇, 무슨'의 의미인데 뒤에 '都'가 동반되면 '어떤 것 모두'의 의미가 된다. '什么'뒤에 긍정문이 오느냐 부정문이 오느냐에 따라 의미가 바뀌는 점에 주의하기 바란다. 그 문장형식은 아래와 같다.

什么都 + **긍정**: 무엇이든 다
什么都 + **부정**: 아무것도

我说**什么都**狼狈。
내가 무엇을 말하든 모두 궁지에 빠졌어요.

我和我妈没有什么秘密，我们**什么都**说。
나와 엄마는 아무런 비밀이 없어, 우린 무슨 말이든 해.

别说这个包很小，里面**什么都**有。
이 가방은 작아도 안에 뭐든지 다 들어있어요.

她在减肥，**什么都**不吃。
그녀는 다이어트 중이라서 아무것도 안 먹어요.

也许 : '아마도(어쩌면, 혹시)~일 것이다(인지모르겠다, 인가보다)'의 뜻으로 쓰인다. 비슷한 표현으로 '或许, 可能'이 있다.

也许我曾经背弃你脱轨。
아마도 나는, 일찍이 어기고 탈선 했나 봐요.

这个世界**也许**太美好了，每个人都想长命百岁。
어쩌면 이 세계가 너무 아름다워서 모든 사람들이 백세까지 살길 바라는 것 같아요

也许他不来了，咱们不用等他。
아마도 그는 오지 않을 거예요, 우리 그 사람 기다리지 맙시다.

也许他没有钱吧，今天跟我借走了钱。
아마도 그 사람 돈이 없는 것 같아요. 오늘 나한테 돈 빌려갔어요.

掉 : '동사＋掉'의 형식으로 '주체가 모종의 동작을 취한 결과 온전했던 사물의 형체나 본질이 없어져 버리거나 변질되다'라는 의미로 '~해버리다'로 쓰인다.

干**掉**这一杯我和你今生无交界。
이술을 다 마시면, 나와 당신은 현세에서는 맞닿은 곳이 없어요.

放**掉**这一切我是落叶。
이 모든 것을 놓아주고, 나는 낙엽이에요.

媳妇儿这个月给我三十五万，扣**掉**油费十万，
实际上我能用的只有二十五万。
아내가 이번 달에 35만원을 줬는데 기름 값 10만원을 제하면
실제로 내가 쓸 수 있는 돈은 25만원밖에 없어.

时间不早了，剩下的菜你赶紧吃**掉**吧。
시간이 너무 늦었어, 남은 음식 다 먹어치워요.

应该 : '应该'는 '도리상 마땅히 그래야 함'을 나타내고 문장형식은 '应该 + 동사'이다. 회화에서는 '应该'의 형태로도 많이 쓰인다.

我**应该**拿什么挽回？
나는 마땅히, 무엇으로 만회해야만 하나요?

你们**应该**好好儿学习。
너희들은 열심히 공부해야 한다.

我们**应该**怎么办呢？
우리가 어떻게 해야 할까요?

朋友遇到困难的时候，我们**应该**帮助他。
친구가 위험에 처했을 때 우리는 그를 도와줘야 한다.

연습문제

01 다음 문장에서 괄호 안의 단어가 들어갈 위치를 선택하세요.

(1) (乾掉) A这一杯 B我和你 C今生 D无交界

(2) (怎会) A你的 B眼 C看见 D心碎

(3) (唯一) A你 B怎么 C赐我 D死罪

(4) (我) A全世界 B谁会 C在乎 D心碎

02 다음 단어를 순서대로 나열하여 문장을 만들어 보세요.

(1) 放掉 这一切 落叶 我 是

(2) 这 度过 女人 陪我 多少夜

(3) 也许 我 背弃 你 脱轨 曾经

(4) 一丝 难道 你 没有 感觉

03 알맞은 단어로 문장을 완성해 봅시다.

(1) ________要我向你下跪

(2) 就在这一夜我和你缘份________冻结

(3) 两千两百零一夜我只求________瞭解

(4) 我应该拿________挽回

04 중국가사를 우리말로 옮겨 보세요.

(1) 眼泪差点翻坠我用酒杯防卫

(2) 摆出你的坚决我说什么都狼狈

(3) 女人的选择完美又绝对

(4) 你的冷静太冷我的痛心太痛

신HSK에서 자주 등장하는 격언

人不可相貌 : 사람을 외모로 판단해서는 안 된다.
⇒ 겉모습은 그리 중요하지 않다.

百闻不如一见 : 백문이 불여일견이다.
⇒ 한 번 보는 것이 백 번 듣는 것보다 낫다.

有志者事竟成 : 뜻이 있는 곳에 길이 있다.
⇒ 하고자 하는 의지만 있으면 일은 반드시 성취될 것이다.

远亲不如近邻 : 이웃사촌이 먼 친척보다 낫다.
⇒ 이웃과 사이좋게 지내야 한다.

三思而后行 : 세 번 생각하고 행동에 옮겨라.
⇒ 심사숙고 한 후에 행동에 옮겨야 한다.

三人行, 必有我师 : 세 사람이 길을 걸으면, 그 가운데에는 반드시 자신의 스승이 될 만한 사람이 있다.
⇒ 사람은 마땅히 겸허하게 다른 사람에게 배워야 한다.

药补不如食补 : 밥이 보약이다.
⇒ 잘 챙겨 먹어야 한다.

一天吃一个苹果, 医生远离你 : 하루에 사과를 하나씩 먹으면 의사가 당신을 멀리 한다.
⇒ 사과는 건강에 이롭다.

皇天不负有心人 : 하늘은 스스로 돕는 자를 돕는다.
⇒ 하늘은 스스로 노력하는 사람을 성공하게 만든다는 뜻이다.

妇女能顶半边天 : 여자는 하늘의 반을 받칠 수 있다.
⇒ 여자의 능력과 역할을 강조한다.

金钱是最好的仆人, 也是最坏的主人 : 돈은 가장 좋은 노예이면서 가장 나쁜 주인.
⇒ 돈을 올바르게 써야 한다.

谦虚使人进步, 骄傲使人落后 : 겸손함은 사람을 향상시키고 교만함은 사람을 뒤처지게 한다.
⇒ 사람은 겸손해야 한다.

姜育恒 강육항

강육항, 1958년 11월 15일 한국 수도 서울에서 태어났고 본적은 산동성 용성이다. 강육항의 우울한 성격은 결코 천성은 아니다. 이것은 그의 성장 과정과 많은 관계가 있다. 고등학교부터 돈이 필요해서 스스로 돈을 벌어왔다. 일찍이 한국의 많은 도시를 가봤지만 놀러 간 것이 아니라 여름, 겨울 방학에 여러 곳을 다니며 돈을 벌었다. 음식점에서도 일을 했고 건설 공사장에서도 일을 했고 구두약도 팔아봤다. 급우와 함께 2인 1조가 되어 하나는 손님을 데리고 오고 다른 한 사람은 구두를 닦았다. 비가 오면 우산을 팔았다. 강육항은 과거를 회상하면 당시의 경험이 감개무량하고 돈으로도 살 수 없는 귀중한 경험이라고 생각했다.

주요 대표작으로는 《再回首》、《跟往事干杯》、《驿动的心》、《爱我你怕了吗》 등이 있다. 1984년에 음반 발표를 시작해서, 이 《再回首》라는 곡으로 유명해졌고 일찍이 "王杰, 李翊君" 등 스타들의 노래를 리바이벌했다. 지금까지 강육항은 중국, 대만, 홍콩에서 인기가 여전하고 중국 음악계에서 하나의 "永恒之星"으로 불린다.

"우울왕자(忧郁王子)"라고 불리는 대만의 중견가수 강육항은 서울에서 태어난 한국 화교 출신이다. 어렸을 때 부모님을 잃고 고된 성장 과정을 겪고 대만에 건너가 가수로 성공하였다. 독특한 보이스 컬러를 가지고 있으며 한국의 유명한 가요들을 리메이크한 앨범으로 사랑을 받았다. 수록곡 《跟往事干杯》는 일본의 국민가수 나카부치 츠요시의 《干杯》를 번안한 곡이며, 한국에서도 번안되기도 했다.

2000년도 개인 앨범에는 이문세 노래인 "그녀의 웃음소리뿐"과 녹색지대 노래인 "사랑을 할 거야"를 2000년 2월 1일, 2000년 11월 1일에 《女人的选择》, 《爱我你怕了吗》를 각각 리메이크 한 노래를 발표하였다. 이 외에도 박상민의 노래인 "무기여 잘 있거라" 《第五次恋爱》도 리메이크해서 부른 곡이다.

19. 受了点伤 - 阿桑
사랑하고 싶어 - 왁스

My love, wǎn ān jiù bié zài wéi nán
My love, 晚安就别再为难

Bié guǎn wǒ huì shòu shāng
别管我会受伤

Xiǎng kāi tǐ liàng wǒ yǐ jing xí guàn
想开体谅我已经习惯

Bù rán yòu néng zěn yàng
不然又能怎样

Zhè ge chéng shì tài huì shuō huǎng
这个城市太会说谎

Ài qíng zhǐ shì áng guì de chú chuāng
爱情只是昂贵的橱窗

Yán lù huá lì càn làn chén liè tián měi huàn xiàng
沿路华丽灿烂陈列甜美幻象

Shéi dàng zhēn shéi jiù shàng dàng
谁当真谁就上当

Jìng rán yǐ wéi nǐ huì bù yí yàng
竟然以为你会不一样

Dàn píng shén me nǐ yào bù yí yàng
但凭什么你要不一样

Yīn wèi jì mò tài lěng xū gòu chū de wēn nuǎn
因为寂寞太冷虚构出的温暖

Méi lǐ yóu néng chēng dào tiān liàng
没理由能撑到天亮

Qián jìn zhuǎn wān wǒ diē die zhuàng zhuàng
前 进 转 弯 我 跌 跌 撞 撞
Zài zhè mí gōng dǎ zhuàn
在 这 迷 宫 打 转
Sǐ xīn shī wàng huì bǐ jiào jiǎn dān
死 心 失 望 会 比 较 简 单
Què yòu xīn yǒu bù gān
却 又 心 有 不 甘
Zhè ge chéng shì tài huì wěi zhuāng
这 个 城 市 太 会 伪 装
Ài qíng jiù xiàng ní hóng dēng yí yàng
爱 情 就 像 霓 虹 灯 一 样
Shéi lí kāi zhī hòu què bǎ dēng wàng le guān
谁 离 开 之 后 却 把 灯 忘 了 关
Ràng mèng zuò de tài huī huáng
让 梦 作 得 太 辉 煌
Yǐ wéi néng gòu liú nǐ zài shēn páng
以 为 能 够 留 你 在 身 旁
Dàn shì shéi kěn liú zài shéi shēn páng
但 是 谁 肯 留 在 谁 身 旁
Yì shǒu qíng gē dōu bǐ yí ge qīn wěn gèng cháng
一 首 情 歌 都 比 一 个 亲 吻 更 长
Zhè jiù jiào zuò hǎo jù hǎo sàn
这 就 叫 做 好 聚 好 散
Bié shuō nǐ duì wǒ gǎn dào kuì jiù
别 说 你 对 我 感 到 愧 疚
Bié shuō nǐ huì yǒng yuǎn xiǎng niàn wǒ
别 说 你 会 永 远 想 念 我

Wǒ hěn zhī dào gū dān zhè tiáo lù zěn me zǒu
我很知道孤单这条路怎么走

Qǐng nǐ bú yào ān wèi wǒ
请你不要安慰我

My love Wǎn ān bié fàng zài xīn shang
My love, 晚安别放在心上

Wǒ zhǐ shòu le diǎn shāng zhǐ shì shòu le diǎn shāng
我只受了点伤只是受了点伤

작은 상처

My love, 잘 자요 다시는 난처해하지 말아요
제가 받을 상처는 상관하지 말아요
털어버리고 이해하는 건 이미 익숙해졌어요
그렇지 않으면 또 어쩌겠어요
이 도시는 거짓말을 잘해요,
사랑은 단지 값비싼 쇼윈도우에 불과해서
화려하고 찬란함을 따라 달콤하고
아름다운 환상을 진열해 놓았어요
진실로 여기는 사람은 누구든 다 속지요
넌 다르다고 느낄 수 있겠죠,
하지만 넌 왜 다르려고 하나요
외로움은 너무 추워서 꾸며낸 따뜻함이기에
날이 밝을 때까지 지탱할 이유가 없어요
전진하고 돌아서 난 휘청거려요
미궁에서 휘청거리며 돌아오지요
단념과 실망은 이미 쉬운 일이지요

하지만 내 마음은 그걸 원하지 않아
이 도시는 너무 위장을 해요, 사랑은 네온사인 같아요.
누군가가 떠난 후 불 끄는 걸 잊어
매우 눈부시게 꿈을 꾸게 해
누군가 누구를 위해 옆에 있으려 하기에
누군가가 내 옆에 남아있다고 여겼지만
누가 누구의 곁에 머무르려고 하겠어
한 곡의 세레나데가 키스보다 더 길지
이걸 행복한 이별이라고 하지
넌 나에게 미안함을 말할 필요도 없고
영원히 난 그리워 할 거라 말하지 마
난 이 고독의 길을 어떻게 가야 할지 알고 있어
제발 나를 위로하지 말아줘
My love, 잘 자 맘속에 담아 두지 마
난 작은 상처만 입었을 뿐, 단지 작은 상처 하나 받았을 뿐

신HSK에서 자주 등장하는 격언

失败是成功之母 : 실패는 성공의 어머니다.
⇒ 실패를 경험 삼아 계속 도전하다 보면 성공하게 된다.

三天打鱼两天晒网 : 작심삼일이다, 굳게 먹은 마음이 사흘을 가지 못한다.
⇒ 결심을 끝까지 지켜내기란 어려운 것이다.

새단어

为难 [wéinán] : 난처하다
受伤 [shòushāng] : 상처입다
体谅 [tǐliàng] : 이해하다
说谎 [shuōhuǎng] : 거짓말하다
昂贵 [ángguì] : 비싸다
沿路 [yánlù] : 길을 따라가다
华丽 [huálì] : 화려하다
灿烂 [cànlàn] : 찬란하다
陈列 [chénliè] : 진열되다
甜美 [tiánměi] : 달콤하다
幻象 [huànxiàng] : 환상
当真 [dàngzhēn] : 진실로 여기다
上当 [shàngdàng] : 속임수
竟然 [jìngrán] : 하지만
凭 [píng] : ~에 근거하여
虚构 [xūgòu] : 허구
理由 [lǐyóu] : 이유
撑 [chēng] : 버티다
前进 [qiánjìn] : 전진하다
转弯 [zhuǎnwān] : 모퉁이를 돌다
跌跌撞撞 [diēdiezhuàngzhuàng] : 비틀거리다
迷宫 [mígōng] : 미궁
死心 [sǐxīn] : 단념하다
失望 [shīwàng] : 실망하다
甘 [gān] : 달가워하다
伪装 [wěizhuāng] : 위장하다
霓虹灯 [níhóngdēng] : 네온사인
辉煌 [huīhuáng] : 눈부시다
肯留 [kěnliú] : 남기다
情歌 [qínggē] : 사랑의 노래
亲吻 [qīnwěn] : 키스
好 [hǎo] : 좋게
聚 [jù] : 만나다
散 [sàn] : 헤어지다
愧疚 [kuìjiù] : 양심의 가책을 느끼다
想念 [xiǎngniàn] : 생각하다
孤单 [gūdān] : 외롭다
安慰 [ānwèi] : 위로하다

어법해석

请 : '请'은 '~하십시오'의 뜻으로 상대방 혹은 제 3자에게 어떤 행위를 요구하거나 부탁, 권유할 때 사용하는 표현이며 예의를 갖춘 표현이다. 좀 더 예의를 갖출 때는 문장 뒤에 '吧'가 온다. 문장형식은 '请 + 동사(구)'이다.

请你不要安慰我。
제발 나를 위로하지 말아줘요.

请再说一遍。
다시 한 번 말씀 해주세요.

请你不要在机内抽烟。
기내에서는 담배 피우지 마세요.

请大家别回家，等雨停了出发吧。
여러분 집에 가지 마시고, 비가 그치면 출발하세요.

已经 : '已经'은 주어 뒤, 서술어의 앞에 오며 '이미, 벌써'의 의미이다. 주로 문장 끝에 '了'를 동반한다.

我**已经**习惯。
나는 이미 익숙해 졌습니다.

他**已经**回国了。
그는 이미 귀국했다.

他们上个月**已经**结婚了。
그들은 지난달에 이미 결혼했다.

我们去年**已经**毕业了。
우리들은 작년에 이미 졸업했다.

不然 : '然'은 '자연스럽다, 당연하다, 그러하다'의 뜻이다. 이 '然' 앞에 '不'가 오면 '그렇지 않으면'의 의미가 된다. 不然의 문장은 '이미 앞에 나온 어떠한 조건을 만족하지 못하였을 경우에'라는 흐름이 있다. 유사한 표현으로 '不然的话, 要不然, 要不然的话' 등이 있다.

我已经习惯, **不然**又能怎样。
이미 익숙해 졌어요, 그렇지 않으면 또 어쩌겠어요.

你老爷姥姥很想见你, 你明天给他们打个电话,
외할아버지 외할머니께서 널 매우 보고 싶어 하셔, 내일 전화 한 통화 해,

不然他们会很失望的。
그렇지 않으면 매우 실망하실 거야.

你听我的话别整天玩游戏, **不然**, 你会后悔的。
매일 게임하지 말고 내 말 들으렴, 그렇지 않으면 나중에 후회하게 될 거야.

我得早点去, **不然**就赶不上火车了。
난 좀 일찍 가야해, 그렇지 않으면 기차시간에 도착 못해.

연습문제

01 다음 문장에서 괄호 안의 단어가 들어갈 위치를 선택하세요.

(1) (只是) A爱情 B昂贵 C的 D橱窗

(2) (但) A凭什么 B你 C要 D不一样

(3) (太) A这个 B城市 C会 D伪装

(4) (爱情) A就 B像 C霓虹灯 D一样

02 다음 단어를 순서대로 나열하여 문장을 만들어 보세요.

(1) 这个 城市 太 说谎 会

(2) 竟然 以为 不一样 你 会

(3) 寂寞 因为 太 冷

(4) 没理由 撑到 能 天亮

03 알맞은 단어로 문장을 완성해 봅시다.

(1) 想开体谅我________习惯

(2) 沿路华丽灿烂陈列甜美幻象,谁________谁就上当

(3) 前进转弯我跌跌撞撞, 在这迷宫________转

(4) 以为能够留你在身旁, ________谁肯留在谁身旁

04 중국가사를 우리말로 옮겨 보세요.

(1) My love, 晚安就别再为难, 别管我会受伤

(2) 死心失望会比较简单却又心有不甘

(3) 谁离开之后却把灯忘了关

(4) 这就叫做好聚好散

阿桑 아상

中 文 名： 黄嫣璘
外 文 名： Judy
别　　名： 阿桑
国　　籍： 中国
出 生 地： 台湾云林
出生日期： 1975年2月28日
逝世日期： 2009年4月6日
身　　高： 156cm
体　　重： 42kg
星　　座： 双鱼座
血　　型： O型
个　　性： 活泼、外向、大方
学　　历： 南强工商影剧科
语　　言： 国语，闽南语，英语
家庭成员： 父、母、哥哥、姊姊、弟
平常的嗜好： 看书、喝咖啡、聊天、
职　　业： 演艺、歌手
代表作品： 一直很安静，叶子
主要成就： 第15届金曲奖入围最佳新人

阿桑，台湾女歌手，毕业于南强工商影剧科。 因演唱《仙剑奇侠传》插曲《一直很安静》而获得较高的知名度。 后又借由一出偶像剧《蔷薇之恋》的成功，主唱片尾曲《叶子》的阿桑，在个人专辑发片前即享受比一般新人更高的知名度，后援会早早成立，到校园演唱更是广受学生热情欢迎，丝毫不逊其他已成名的歌手。 因罹患乳癌末期2009年4月6日早上8点半病逝于台北新店慈济医院，年仅34岁。

阿桑因淋巴癌转移至乳腺而病逝。 阿桑生前好友张智成、王美(美美)、动力火车、S.H.E等，还有其公司同门师妹刘力扬都因此事非常伤心，非常可惜失去如此一位实力派女唱将。

중 문 명 : 황연린
외 국 명 : Judy
별　　명 : 阿桑
국　　적 : 중국
출 생 지 : 대만 운림
생년월일 : 1975년2월28일
기　　일 : 2009년4월6일
키　　: 156cm
몸 무 게 : 42kg
별 자 리 : 물고기자리
혈 액 형 : O형
성　　격 : 활발, 외향적, 대방함
학　　력 : 남강공상 연극영화과
언　　어 : 중국어, 민난어, 영어
가족관계 : 아버지, 어머니, 오빠, 언니, 남동생
평소취미 : 독서, 커피마시기, 이야기
직　　업 : 연기, 가수
대표작품 : 一直很安静, 叶子
주요성과 : 제15회 인기가요 상 최고 신인에 선발

阿桑, 대만여가수, 남강공상 연극영화과를 졸업했다. 《仙剑奇侠传》의 삽입곡 《一直很安静》을 불러서 비교적 높은 인지도를 얻었다. 그 뒤 《蔷薇之恋》의 청춘 드라마로 성공하였고 대표 음반 마지막 곡 《叶子》는 "阿桑"의 개인 앨범 발표하기 전에 일반 신인보다 높은 인지도를 얻었으며 후에 구조회가 설립되어 캠퍼스에서의 공연은 더욱 더 학생들의 열렬한 환영을 받으며 높은 명성을 얻은 가수이다. 유선암 말기 환자 판정을 받아서 2009年4月6日, 아침8시 반에 지병으로 "台北新店慈济" 병원에서 사망했고 그해 나이 겨우 34세였다.

"阿桑"이 사회에 나왔을 때는 이미 28살이었고 찬란한 스타 생활을 생각지도 못했으며 젊은 나이에 일찍 꺼져 갔다. 작년10월 중국 대륙에서 갑자기 몸이 불편함을 느껴서 대만으로 돌아와 건강 검진을 받고 나서야 비로소 유선암 말기인줄 알았으며 게다가 암세포가 이미 간과 폐로 전이가 된 것을 발견했다. "阿桑"의 갑작스런 사망은 오랜 친구들로 하여금 놀라움을 금치 못하게 했는데 그 이유는 서로 만나거나 혹은 msn에서 채팅을 하면서도 그녀는 드러내지 않고 예전처럼 항상 밝았다.

2009년 4월 6일 새벽 8시 30분에 "阿桑"은 임파선 암이 유선으로 전이되어 세상을 떠났다. "阿桑"은 생전에 "张智成, 王美, 动力火车, S.H.E" 등의 좋은 친구와 그리고 그 회사 여자 후배 "刘力扬" 모두 이 일로 인해 매우 상심했고 실력파 여가수를 잃은 슬픔에 매우 아쉬워했다.

20. 幸福背后 - 辛晓琪
A'ddio' - 양파

Xiàn zài bǐ guò qù hái tòng
现 在 比 过 去 还 痛

Měi yí kè chóng lái guò
每 一 刻 重 来 过

Děng dài céng jīng bāng le wǒ
等 待 曾 经 帮 了 我

Yě wàng le děng shén me
也 忘 了 等 什 么

Jiù de cuò de gǎn huí tóu
旧 的 错 的 敢 回 头

Xīn de kùn nan què jǐn zhuī zài hòu
新 的 困 难 却 紧 追 在 后

Zhǐ yào yí ge xiān fàng shǒu
只 要 一 个 先 放 手

Shì nǐ shì wǒ shě bu de yòu nán fù hè
是 你 是 我 舍 不 得 又 难 负 荷

Zài bèi hòu xìng fú bèi hòu
在 背 后 幸 福 背 后

Tuī xiè zé rèn ràng xīn li hǎo guò
推 卸 责 任 让 心 里 好 过

Nǐ yì chén mò jiù néng yáo xǐng wǒ
你 一 沉 默 就 能 摇 醒 我

Xiǎng bù qǐ lai dāng chū de xiào róng
想 不 起 来 当 初 的 笑 容

Zài bèi hòu tòng kǔ bèi hòu
在背后痛苦背后

Pīn mìng xiǎng yào ràng yí qiè zhèng tuō
拼命想要让一切挣脱

Nǐ yí bào jǐn zǒng shì dǎ rǎo wǒ
你一抱紧总是打扰我

Lù zǒu de duō jìng pà qǐ yōng yǒu
路走得多竟怕起拥有

행복의 뒤에서

지금이 예전보다 더욱 아파요
매번 다시금 아파 와
기다림은 한때 날 지탱해줬었지만
뭘 기다리는지조차 잊었어요
지나간 잘못한 일들은 자꾸 뒤 돌아 보게 되고
새로운 어려움은 내 뒤를 쫓아와
누군가 먼저 손을 놓아야 해
너도 나도 놓지 못하지만 그 무게를 견딜 수도 없어
그 뒤, 행복의 뒤에서
책임을 피하면 조금은 맘이 편해질 까봐
너의 침묵은 날 깨워
처음의 그 미소가 떠오르질 않아
그 뒤, 아픔의 뒤에서
어떻게든 벗어나려고 해
네가 꼭 안으면 날 늘 흔들어
멀리 왔지만 가지는 게 두려워져

신HSK에서 자주 등장하는 관용 표현

四季如春 : 사계절이 봄과 같다.
⇒ 윈난성의 쿤밍을 일컫는 말로 날씨가 1년 내내 따스함을 뜻한다.

桂林山水甲天下 : 계림의 산수는 천하제일이다.
⇒ 계림의 산과 물이 굉장히 아름다움을 나타낸다.

上有天堂，下有苏杭 : 하늘엔 천당이 있고 땅엔 쑤저우와 항저우가 있다.
⇒ 쑤저우와 항저우가 그만큼 살기 좋고 아름답다는 것이다.

食在广州 : 음식은 광저우에서
⇒ 광저우는 요리의 종류가 다양하고 먹거리가 풍부함을 의미한다.

早穿皮袄午穿纱，围着火炉吃西瓜 : 아침에는 털옷을 낮에는 비단을 입고 난로에 둘러 앉아 수박을 먹는다.
⇒ 투루판의 아침, 저녁과 낮 기온 차가 그만큼 많이 나는 것을 의미한다.

새단어

等待 [děngdài] : 기다리다
紧追 [jǐnzhuī] : 쫓아오다
放手 [fàngshǒu] : 손을 놓다
舍不得 [shěbude] : 미련이 남다
负荷 [fùhè] : 부하, 하중
背后 [bèihòu] : 뒤
幸福 [xìngfú] : 행복
推卸 [tuīxiè] : 피하다
责任 [zérèn] : 책임
沉默 [chénmò] : 침묵
摇醒 [yáoxǐng] : 흔들어 깨우다
拼命 [pīnmìng] : 죽기 살기로 하다, 필사적으로 하다
挣脱 [zhèngtuō] : 벗어나다
抱紧 [bàojǐn] : 꼭 안다
打扰 [dǎrǎo] : 방해하다, 지장을 주다
怕 [pà] : 두려워하다
拥有 [yōngyǒu] : 가지다

어법해석

比 : '比'는 'A + 比 + B + 술어'의 형식으로 'A가 B보다 ~ 하다'의 의미이다. 비교의 정도를 나타내는 부사 '更', '还'를 동반하기도 한다. 그러나 비교문이기 때문에 '很'이나 '非常'등은 동반하지 않는다.

现在**比**过去还痛。
지금이 예전보다 더욱 아프다.

他**比**你还大。
그는 나보다 나이가 많다.

今天**比**昨天更冷。
오늘은 어제보다 많이 춥다.

这家餐馆的菜**比**那家的好吃吗？
이 식당의 음식이 저 집 것보다 맛있어요?

没有 : 부정형의 문장어순은 'A + 没有 + B + 술어'의 형식으로, 'A는 B보다~ 하지 않다'의 뜻이다.

我**没有**他聪明。
난 그보다 총명하지 않다.

昨天**没有**今天暖和。
어제는 오늘만큼 따뜻하지 않다.

她家**没有**我家近。
그녀의 집은 우리 집만큼 가깝지 않다.

曾经 : 주어 뒤, 서술어의 앞에 오며 '일찍이, 이전에, 이미, 벌써'의 의미이다.

我**曾经**爱过你。
나는 일찍이 너를 사랑한 적이 있다.

两年前我们**曾经**见过面。
이년 전 우리들은 이미 만난 적이 있다.

他五年前**曾经**去过香港。
그는 오년 전에 벌써 홍콩에 가봤다.

她小时候**曾经**学过芭蕾舞。
일찍이 그녀는 어렸을 때 발레를 배운 적이 있다.

起来 : '起来'는 동사 뒤에 쓰여, 어떤 동작이 완성되거나 일정한 목적이 달성됨을 나타낸다. 기본 구성 형식은 '동사 + 起来'이다. 이때 동사가 '想'이면 '생각나다'의 연상을 나타낸다.

想不**起来**当初的笑容。
처음의 그 미소가 떠오르질 않는다.

他的名字我想**起来**了。
그의 이름이 생각났다.

我的钱包在哪儿呢 ? 我怎么也想不**起来**呀。
내 지갑을 어디다 뒀지? 아무래도 생각이 안 나네.

哦, 想**起来**了, 你就是高中同学李孝利吧。
아, 생각났다. 네가 고교동창생 이효리지.

연습문제

01 다음 문장에서 괄호 안의 단어가 들어갈 위치를 선택하세요.

(1) (比) A现在 B过去 C还 D痛

(2) (敢) A旧 B的 C错的 D回头

(3) (不得) A是你是我 B舍 C又 D难负荷

(4) (责任) A推卸 B让C心里D好过

02 다음 단어를 순서대로 나열하여 문장을 만들어 보세요.

(1) 每 过 一刻 重来

(2) 新的 却 困难 紧追 在后

(3) 一 你 沉默 就 摇醒 能 我

(4) 背后 幸福 在 背后

03 알맞은 단어로 문장을 완성해 봅시다.

(1) 等待________帮了我,也忘了等什么

(2) 只要一个________放手

(3) 想不________当初的笑容

(4) 你一抱紧________打扰我

辛晓琪 신효기

师徒故事

辛晓琪谈和李宗盛往事：《领悟》改变我一生，辛晓琪原本是福茂唱片旗下歌手，发行三张唱片却并未大红大紫。在因缘巧合之下，李宗盛从电台里听到了辛晓琪演绎的《自私》，出自专辑《花时间》。李宗盛非常喜欢她的声音，在上班的途中就弯到唱片行买了一张《花时间》的专辑，就回到公司反复听，就打电话到福茂唱片留话，"请你转告辛晓琪，这张唱片是我听到今年度最好的一张唱片，她唱得很好。"李宗盛的这通电话让当时的辛晓琪精神大振，捡回了正在失去的信心。在与福茂唱片约满后，李宗盛也积极与辛晓琪联络，将她招至滚石旗下。

辛晓琪进滚石后，并没有立刻受到公司的重用，甚至公司上下都反对，只有两个人坚持要签约，这两个人就是李宗盛和滚石老板段钟潭。签约滚石2年后，李宗盛才创作出一首歌给辛晓琪，交给她的时候话还说得很低调："对不起让你等了这么久，但我觉得这首歌不会红。" 辛晓琪当时看了简谱，哼出来，也觉得不是可以走红的作品，于是回答李宗盛："没关系，我尽力唱好就是。"她说自己心里当时甚至在想，如果唱片推出再没反应，就回去当钢琴老师不做歌手了。

这首让李宗盛和辛晓琪都觉得不会红的歌就是《领悟》，这首歌的走红程度是现在很多年轻歌手难以想象的，当时唱片曾经创下一天销售2万张的纪录。虽然2009年11月28日的发布会李宗盛托人送上了手绘陶瓷加湿器作为她上海开唱的礼物，但对于辛晓琪而言，李宗盛送的最珍贵礼物还是当年的《领悟》："这首歌改变了我的一生。"

사제지간 이야기

신효기와 이종성과의 지난 이야기 : 《领悟》가 나의 일생을 바꿔 놓았다. 신효기는 원래 푸마오레코드사에 소속되어 있는 가수이고 발행한 3장의 음반은 총애를 한 몸에 받지 못했다. 인연은 우연의 일치다. 이종성은 신효기가 발표한 《自私》를 방송국에서 들었고 그 노래는 개인 앨범 《花时间》에서 나왔다. 이종성은 그녀의 목소리를 매우 좋아했고 출근하는 도중에 《花时间》의 개인 앨범 한 장을 샀고 회사에 돌아와서 반복해서 들었으며 푸마오레코드사로 전화를 걸어 메시지를 남기면 말하기를 "이 한 장의 음반은 올해 내가 들은 노래 중에 최고의 음반이라고 그녀는 정말 노래를 잘한다고 신효기에게 전해주세요"라고 했다. 이종성의 이 한 통의 전화로 인해 당시의 신효기는 정신이 멍해졌고 마침 잃어버린 자신감을 되찾았다. 푸마오레코드사와 계약이 만료된 후, 이종성은 적극적으로 신효기와 연락하여 그녀를 滚石회사로 초빙해서 소속 가수로 만들었다.

신효기는 滚石회사에 들어간 후 즉시 회사의 중용을 받지 못했고 심지어 회사 사람들이 모두 반대했음에도 겨우 두 명이 고집하여 계약을 했으며, 이 두 명이 바로 이종성과 滚石레코드사 사장님인 단종담(段钟潭)이다. 滚石회사에서 계약한지 2년 후에 이종성은 비로소 한 곡의 노래를 만들어 신효기에게 주었고 그녀에게 전해주면서 아주 낮은 목소리로 "당신을 너무 많이 기다리게 해서 미안하다고 하면서 내 생각에는 이 노래가 그다지 인기를 받지 못할 것 같다"라고 말했다. 신효기가 당시에 악보를 보면서 콧노래를 부르며 나왔고 본인 생각에도 그렇게 인기가 오를 줄 생각하지 못했고 그래서 이종성에게 말하기를 "괜찮습니다, 제가 열심히 노래 부르면 됩니다"라고 대답했다. 그녀는 스스로 당시의 마음이 심지어 생각이 만약 음반이 나와서 다시 반응이 없다면 돌아가서 피아노 선생님을 하고 가수를 하지 않겠다고 마음먹었다.

이 곡 《领悟》은 이종성과 신효기가 인기가 없을 것이라는 예상과는 달리 현재 많은 젊은 가수들이 상상할 수 없을 정도로 당시의 음반은 하루에 2만장이 팔리는 기록을 세웠다. 2009년 11월 28일 이종성은 그녀가 상해에서 노래한 것에 대한 답례로 다른 사람에게 부탁해서 직접 만든 도자기 가습기를 선물하였다. 하지만 신효기는 이종성이 선물한 도자기 가습기보다도 그 해에 받은 《领悟》 곡이 더욱 더 값진 선물이며, "이 곡이 나의 일생을 바꿔 놓았다"라고 말했다.

새단어

巧合 [qiǎohé] : 우연히 맞다, 우연히 일치하다
旗下 [qíxià] : 아래, 밑, 수하, 부하
大红大紫 [dàhóngdàzǐ] : 총애를〔신임을〕 한 몸에 받다, 위세가 대단하다
途中 [túzhōng] : (길을 가는) 도중
手绘 [shǒuhuì] : 자재화 (자, 컴퍼스 같은 기구를 쓰지 않고 연필이나 붓만으로 그린 그림)

편저자
김민정

現) 부산과학기술대학교 한중문화통역과 부교수
산동대학교 문학과뉴스방송대학원 박사

주요 저서 및 논문
《중국어 상용성어 용례사전1》
《전문대학생 해외 인턴십을 위한 가이드북》
《동영상으로 쉽게 배우는 왕초보중국어》
《배가어법으로 본 한어동사와 한국어한자동사의 비교》
《韓、中 短期 言語 交換 學習프로그램에 關한 研究》 외 다수

최필석

現) 부산과학기술대학교 한중문화통역과 겸임교수
산동대학교 문학과뉴스방송대학원 박사

주요 저서 및 논문
《中韩网络聊天语言比较研究》
《从语言与思维的关系看中国传统思维方式对汉语词汇的影响》
《从普通语言学角度看网络聊天语》
《중국어 어휘 이음절화의 원인 및 작용에 대한 논의》
《國內專門大學生의 中國인턴制度에 關한 研究》 외 다수

노래도 배우**高** 중국어도 배우**高**

중국어 고고

中国语 高高

초판 1쇄 발행_2012년 12월 31일

편 저 자 • 김민정 · 최필석
발 행 인 • 정 현 걸
발　　행 • 신 아 사
인　　쇄 • 예지인쇄
출판등록 • 1956년 1월 5일 (제9-52호)
주　　소 • 서울특별시 은평구 녹번동 28-36번지 2F
전　　화 • (02) 382-6411 • 팩스 (02) 382-6401
홈페이지 • www.shinasa.co.kr
E-MAIL • shinasa@chol.com

ISBN 978-89-8396-798-5(93720)

정가 *12,000* 원